JN026497

精 選
経済英文
100

根井雅弘
Masahiro Nei

1日1文でエッセンスをつかむ

白水社

精選　経済英文 100

1日1文でエッセンスをつかむ

装幀・本文デザイン＝コバヤシタケシ　　装画＝佐貫絢郁　　組版＝鈴木さゆみ

目　次

はしがき

本書は、古今の経済学の名著から比較的短い英文を精選し、それを解説しながら同時に試訳を提示した読み物である。

　ここ数年、白水社とともに、経済学を原典英語で読むという企画を何冊か続けてきたが、「一日一文」という短めの英文の形で取り上げるのは今回が初めてである。しかし、これは当初考えたほどやさしい作業ではなかった。経済学の名著は膨大にあるが、そのほんの一部だけを切り取って一回完結の形で読ませるような文章を書かねばならないからだ。もちろん、名著によっては、一回では惜しいので、数回にわたって紹介したものもある。けれども、小説に長編と短編があるように、経済学の文章にも類似の長編と短編があることに改めて気づかされる発見もあった。

　英語の勉強は、何年経っても尽きることはない。現在の潮流は、読解よりも聞いて話す方向に流れているが、経済学史という古典をたくさん読まねばならない分野を専門にしたせいか、それでは頭の訓練にはならないといまだに信じている。もちろん、DeepL のような優れた翻訳アプリが出てきたことは歓迎すべきだが、例えば、それを使って英語から日本語、逆に日本語から英語に移し替えた場合、どれほどのレベルの日本語や英語になっているかは、読解力を鍛える訓練なしには決して判断できないはずだ。

そんな思いが読者に伝わるならば、本書を書いたのも無駄ではなかったことになるだろう。このような企画を通してくれた白水社の編集部の方々に厚くお礼を申し上げたい。

根井雅弘

第Ⅰ章

古典派経済学

1

The annual labour of every nation is the
fund which originally supplies it with all the
necessaries and conveniences of life which it
annually consumes, and which consist always
either in the immediate produce of that labour,
or in what is purchased with that produce from
other nations.

Adam Smtith (1776)

　アダム・スミス『国富論』のあまりにも有名な冒頭の言葉。私た
ちのような経済学史の研究者ならふだん英文で読んでいるので違和
感はないが、初めて読む人が英文法に忠実な以下のような訳を読ま
されたら戸惑うのではないかというのが、拙著『英語原典で読む経
済学史』（白水社）の出発点であった。
　「すべての国民の年々の労働は、その国民が年々消費する生活の必
需品と便益品のすべてを本来的に供給する基金であり、その必需品
と便益品は、つねに、労働の直接の生産物か、その生産物によって
他の国民から購入されたものである。」
　「富」とは、重商主義が説くような貴金属ではなく、労働によって

生産された「必需品と便益品」（つまり「消費財」）のことである、
と『国富論』の冒頭にもってくることによって、スミスはその本全
体が重商主義批判を意図していることを高らかに宣言したのであっ
た。私は、少々大胆だが、この部分は次のように試訳してみた。詳
しくは、拙著を参照してほしい。

「すべての国民の年々の労働こそがまさに真の源なのである。なぜ
なら、それがその国民が年々消費する生活の必需品と便益品のすべ
てを本来その国民に供給しているからである。そして、そのような
必需品と便益品を構成しているのは、つねに、その労働の直接の生
産物か、その生産物で他の国民から購入されたものである。」

Adam Smith, *An Inquiry into the Nature and Causes of the Wealth of Nations*, 1776.

2

“ The natural price, therefore, is, as it were,
the central price, to which the prices of all
commodities are continually gravitating. ”

Adam Smith (1776)

　経済学の入門書には、初めのほうで「価格メカニズム」について
解説されることが多いが、そのとき必ずと言ってよいほど登場する
のがアダム・スミスの名前と『国富論』である。ところが、教科書
の記述とは違って、価格メカニズム、つまり需要と供給の関係に
よって価格が上下に伸縮的に動いて「バロメーター」の機能を果た
すというアイデアは、スミスの価値論の核心とは言えない。

　確かに、スミスの価値論にも、需要と供給の関係で決まる「市場
価格」の概念があるが、それは決して中心価格ではない。なぜなら、
商品の中心価格とは「自然価格」のことであり、それは、スミスの
場合、賃金の自然率＋利潤の自然率＋地代の自然率、に等しいもの
だからだ。

「それゆえ、自然価格とは、いわば中心価格であり、その方向へす
べての商品の価格がつねに引き寄せられているのである。」

　自然価格は、リカードになると、もっと明確に、各部門で均等利潤率が成立したときの価格と捉えられるようになった。それは決して需要と供給の関係で決まる価格ではない。その視点を現代に甦らせたのが、ピエロ・スラッファの『商品による商品の生産』（1960年）である。スラッファは、スミスからリカードやマルクスを経て現代に受け継がれてきた価格理論を「古典派アプローチ」と呼んでいる。

　「需要と供給の均衡」というアイデアが、理論の核心部分にあるのは、むしろ新古典派のマーシャルやワルラスの均衡理論なのである（マーシャルとワルラスでは、同じ均衡理論でも、「部分」「一般」の相違はあるが）。

Adam Smith, *An Inquiry into the Nature and Causes of the Wealth of Nations*, 1776.

3

" Our merchants and master-manufacturers
complain much of the bad effects of high wages
in raising the price, and thereby lessenning the
sale of their goods both at home and abroad.
They say nothing concernning the bad effects
of high profits. They are silent with regard to
the pernicious effects of their own gains. They
complain only of those of other people. "

Adam Smith (1776)

アダム・スミスは、現在、いわゆる自由放任主義の「元祖」のよ
うに崇められ、とくに経済界には『国富論』の愛読者と称する人た
ちが多い。だが、『国富論』を実際に読んでいくと、スミスが企業
家には意外に厳しい態度をとっていることに驚くかもしれない。

「私たちの商人や製造業者たちは、高賃金が価格を引き上げること
によって、内外で自分たちの財の売れ行きを減らすという悪効果を
もたらしている、と大いに不平を漏らしている。彼らは高利潤の悪
効果については何も語っていない。彼らは、自分たちの利益の有害

な効果に関しては沈黙している。彼らは、他の人々の利害について
のみ不満を言うのである。」

　スミスは、確かに、自由競争を推奨したが、同時に「独占」に対
してはきわめて厳しい態度をとった。なぜなら、独占は、市場価格
を自然価格よりも人為的に高くし、独占利潤を生み出すからである。
その昔、「ミスター・カルテル」と呼ばれた財界総理がいたが、そ
のような人に最も厳しかったのがスミスだったということを忘れて
はならない。

Adam Smith, *An Inquiry into the Nature and Causes of the Wealth of Nations*, 1776.

4

" By pursuing his own interest he frequently
promotes that of the society more effectually
than when he really intends to promote it. I
have never known much good done by those
who effected to trade for the public good. It
is an affectation, indeed, not very common
among merchants, and very few words need be
employed in dissuading them from it. "

Adam Smith (1776)

あまりにも有名な「見えざる手」(an invisible hand) に続くすぐ
後の文章。「見えざる手」は、アメリカの経済学教科書では自由放
任主義や「価格メカニズム」を象徴する言葉だが、文脈を忠実に辿
ると、おのれ自身が資本の使い方についてあれこれ指示されずとも
一番よくわかっているのだから、富裕に至るまでの「資本投下の自
然的順序」に沿って資本を投下するはずだと言っているに過ぎない。

「自分自身の利益を追求することによって、彼はしばしば、実際に
社会の利益を増進しようと意図した場合よりも、もっと効果的に社

会の利益を増進するのである。私は、いまだかつて、公共の善のために仕事をすると気取っている人たちが多くの善を成し遂げた例を全く知らない。もっとも、そのように気取って見せることは商人の間ではそうあることではないので、彼らにそうしないように説得するのにはごくわずかな言葉しか使う必要がないほどだ。」

　それにもかかわらず、「見えざる手」を予定調和論を象徴する言葉として紹介する解説書の類はいまだに消えていない。

Adam Smith, *An Inquiry into the Nature and Causes of the Wealth of Nations*, 1776.

5

" Political economy,considered as a branch of the "
science of a statesman or legislator, proposes
two distinct obejects: first, to provide a plentiful
revenue or subsistence for the people, or more
properly to enable them to provide such a
revenue or subsistence for themselves; and
secondly, to supply the state or commonwealth
with a revenue sufficient for the public services.
It proposes to enrich both the people and the
sovereign.

Adam Smith (1776)

「経済学は、政治家または立法者にとっての一つの学問分野として
見なされているが、二つの異なった目的を達成することを企ててい
る。第一は、国民に豊富な収入または生活の糧を提供することであ
る。あるいは、もっと適切に言えば、国民が自分自身でそのよう
な収入や生活の糧を調達することを可能にすることである。第二は、
国家または社会に公務の遂行のために必要な十分な収入を提供する
ことである。つまり、経済学は、国民と主権者の両方を富裕にする

ことを狙いとしているのである。」

　"Political Economy" は、古典派の文献に出てくれば、「経済学」
と訳したほうが無難である。「経済」とは、もともと、「経世済民」
の意味なので、わざわざ「政治」と前に入れる必要はない。スミス
にとっての経済学も、上の文章にあるように、まさにそのような学
問であった。

Adam Smith, *An Inquiry into the Nature and Causes of the Wealth of Nations*, 1776.

6

“ And hence it is, that to feel much for others
and little for ourselves, that to restrain our
selfish, and to indulge our benevolent affections,
constitutes the perfection of human nature;
and can alone produce among mankind that
harmony of sentiments and passions in which
consists their whole grace and propriety. ”

Adam Smith (1790)

『道徳感情論』（初版は 1759 年）は、アダム・スミスの出世作である。彼は道徳哲学者として、亡くなる年の第 6 版（1790 年）までこの本の改訂を続けている。市民社会のルールとして、「公平な観察者」の「同感」が得られる程度にまで利己心を抑えなければ社会的な秩序が成立しないという考えは、基本的に『国富論』にも継承されていく。

「それゆえ、他人のために多くを、自分自身のためには少なく感じること、私たちの利己心を抑え、慈悲心を尽くすことこそが、人間本性の完成を意味するのである。そして、それだけが、人々のあい

だに感情と情念の調和をもたらすので、礼節や適切な振る舞いすべ
てが成り立つのである。」

　スミスは、とくに信仰心が篤かったわけではないが、上の文章に
続けて、ここで言っていることが、「汝のごとく汝の隣人を愛せよ」
(to love our neighbour as we love ourselselves) というキリスト教の
偉大な教えと一致していると書いている。西欧人にはわかりやすい
たとえだと言えるかもしれない。

Adam Smith, *The Theory of Moral Sentiments*, first published in 1759, sixth edition,1790.

7

アダム・スミスが自由放任主義を説いたという誤解は根深いものがある。京都大学で30年も「自由主義」と「自由放任主義」は違うのだと言い続けたが、どれだけの割合の学生が本当に理解して卒業したかは心許ない。巷の解説本がその誤解をさらに広めている。そういう場合は、スミスを自由放任主義者のままにしておきたい何らかの意図が働いていると考えたほうがよいのではないだろうか。

「富や名誉や昇進を求める競争では、全力を出して走り、あらゆる神経とあらゆる筋肉を最大限に働かせることによって、競争者すべてを追い越すという目的を遂げてもよい。しかし、もし競争者の誰かを突き飛ばしたり引き倒したりするようなことがあれば、観察者

KEYWORD
観察者の寛大さ

の寛大さ は完全に消えてしまう。」

「競争」についてのこのような見解は、『国富論』で推奨されている「競争」にも引き継がれているのは言うまでもない。つまり、スミスの自由競争とは、手段を選ばず利益のためには何でもやってもよいという無責任なものでは決してないのだ。それにもかかわらず、自由競争を自由放任主義のように理解したいとすれば、そこから利益を得ようとする何らかの力が働いているからに違いない。

Adam Smith, *The Theory of Moral Sentiments*, first published in 1759, sixth edition, 1790.

8

" The great source of both the misery and disorders of human life, seems to arise from over-rating the difference between one permanent situation and another. Avarice over-rates the difference between poverty and riches: ambition, that between a private and a public station: vain-glory, that between obscurity and extensive reputation. The person under the influence of any of those extravagant passions, is not only miserable in his actual situation, but is often disposed to disturb the peace of society, in order to arrive at that which he so foolishly admires. "

Adam Smith (1790)

「人生の惨めさも混乱も、その大きな原因は、ある永続的な境遇と別の永続的な境遇のあいだの差を過大評価するから生じるように思われる。貪欲は貧困と富裕のあいだの差を、野心は私的な地位と公的な地位のあいだの差を、虚栄心は無名と高名のあいだの差を過大

評価する。そのような度を越した情念に支配された人間は、現在の
境遇を惨めに感じるばかりでなく、愚かにも憧れていた境遇に到達
しようとして、しばしば社会の平穏を妨げがちである。」

　多くの言葉は不要と思う。洋の東西を問わず、「中庸」の哲学と
いうものがあるが、アダム・スミスもまた「中庸」の道徳哲学者で
ある。思慮や正義を踏みにじってまで追求するに値する境遇などな
い、の一言に尽きる。

Adam Smith, *The Theory of Moral Sentiments*, first published in 1759, sixth edition, 1790.

9

> "That the Government troubles itself less with economising than with the operations necessary for the prosperity of the kingdom; for an expenditure that is too high may cease to be excessive by virtue of the increase of wealth. But abuses must not be confused with simple expenditure, for abuses could swallow up all the wealth of the nation and the sovereign.
>
> François Quesnay

　フランソワ・ケネーは、『経済表』で有名な経済学創設期の天才である。農業のみが「純生産物」を生み出すという重農主義（フィジオクラシー）を説いたが、フランスの重商主義政策によって衰退した農業を再建するために、穀物取引の自由化、穀物の「良価」、「土地単一税」の提案などを通じて、理想的な「農業王国」の実現を目指した。だが、彼の経済的自由主義を「自由放任主義」のように誤解してはならない。

「政府は、節約に努力するよりも、王国の繁栄に必要な事業に専念

すること。なぜなら、多過ぎる支出も、富の増加のおかげで過大で
なくなりうるからだ。しかし、濫費と単なる支出を混同してはなら
ない。なぜなら、濫費は国民や主権者の富をすべて消耗しかねない
からだ。」（「シュリー公の王国経済要諦」より）

　政府には「農業王国」を実現するためになすべき重要な仕事があ
り、決して何事も自由に放任してよいわけではないのである。

Quesnay's Tableau Économique, edited by M. Kuczynski and Ronald L. Meek, 1972, p.18.

10

> "Economic administration opens up the sources of wealth; wealth attracts men; men and wealth make agriculture prosper, expand trade, give new life to industry, and increase and perpetuate wealth.

François Quesnay

　ケネーは、フランスの重商主義によって貶められた農業を再建するには、穀物取引を内外で自由化し、穀物の「良価」を実現すること、租税は「純生産物」のみに課せられるべきこと（いわゆる「土地単一税」）を主張したが、「農業王国」の中心には開明的な専制君主がおり、彼が王国の維持・発展に必要な仕事をきちんと成し遂げることを想定していた。決していわゆる「自由放任主義」を説いたのではない。私の経済学史の授業では、「自由主義」を「自由放任主義」と取り違えてはならないと強調してきたが、いまだに、誤解は消えていない。

　「経済統治は富の源泉を開くのである。すなわち、富が人間を引き寄せ、人間と富が農業を繁栄させ、交易を拡大し、工業に新しい活

気を吹き込む。そして、富を増大させ、永続させるのである。」

administration は、ケインズの demand management なら「経済管理」でよいが、ケネーの場合は、より強い「経済統治」のほうがふさわしい。ケネーは、「中国の専制政治」と題する論文のなかで、理想的な君主像を提示したが、学生の頃、フランス語の辞書を片手に、オンケン編『ケネー全集』に収録されたその論文を読んだことは、実によい経験であったと思う。

Quesnay's Tableau Économique, edited by M. Kuczynski and Ronald L. Meek, 1972, p.22.

11

" To determine the laws which regulate this
distribution, is the principal problem in
Political Economy: much as the science has been
improved by the writings of Turgot, Stuart,
Smith, Say, Sismondi , and others, they afford
very little satisfactory information respecting the
natural course of rent, profit, and wages.
David Ricardo (1821) "

　デイヴィッド・リカードは、古典派時代の最も鋭敏な経済理論家
であった。1817 年に初版が出版された『経済学および課税の原理』
を読み返すたびに、その思いを深くする。それは、古典派の価値と
分配の理論を、「投下労働価値説」「差額地代説」「賃金の生存費説」
「収穫逓減の法則」の四つの柱に依拠して明快に展開した傑作であ
る（詳しくは、拙著『経済学の歴史』講談社学術文庫、2005 年を
参照）。
　さて、リカードによれば、大地の生産物は、社会の三つの階級
（「地主」「資本家」「労働者」）のあいだに分配されるが、社会の異
なる段階では、「地代」「利潤」「賃金」にどのような割合が割り当

てられるかが異なるだろう。なぜなら、土地の肥沃度、資本蓄積や人口の大きさ、農業上の熟練や用具などはさまざまだからだ。このような趣旨の文章に続けて、上の英文が登場する。

「この分配を規定する法則を確定することが、経済学の主要課題である。この学問は、テュルゴ、ステュアート、スミス、セイ、シスモンディその他の著作によって大いに発展してきたけれども、彼らの著作は、地代、利潤、そして賃金の自然の道筋について満足すべき情報をほとんど提供していない。」

「分配法則の確定」というのは、リカード経済学のキーワードである。

David Ricardo, *On the Principles of Political Economy and Taxation*, third edition, 1821.

12

" The value of a commodity, or the quantity of "
any other commodity for which it will exchange,
depends on the relative quantity of labour which
is necessary for its production, and not on the
greater or less compensation which is paid for
that labour.

David Ricard (1821)

　リカードは、『経済学および課税の原理』をスミスの価値論の再
検討から始めている。スミスは、労働価値説を「初期未開の社会状
態」で成り立つ「投下労働価値説」と、資本が蓄積され土地が占有
された「文明社会」で成り立つ「支配労働価値説」に二分した。彼
は、「投下労働量＝賃金」と考えたので、文明社会で賃金の他に利
潤や地代が加わった以上、投下労働価値説はもはや妥当せず、商品
の価値は、その商品が市場で購買し支配する労働量によって決まる
という「支配労働価値説」を別に用意した。これは一見わかりにく
いが、結局、商品の価値は、賃金・利潤・地代の平均率を足し合わ
せることによって決まるということなので、「価値構成論」と呼ば
れるようになった。

　リカードは、この価値構成論を徹底的に批判し、商品の価値は、未開社会であろうと文明社会であろうと、投下労働量によって決まり、そうして決まった一定の大きさの価値が賃金と利潤に分配されると反論した（「価値分解論」）。なぜなら、価値構成論では、穀物価格の上昇（生存費の増大）→賃金の上昇→他のすべての財の価格の上昇となり、賃金が上昇したとき利潤がどのような影響を受けるかが不明確となるからだ。

「ある商品の価値、すなわちその商品と交換に得られる他の何らかの商品の量は、その商品の生産に必要な相対的労働量に依存し、その労働に対して支払われる報酬の大小には依存しない。」

　価値分解論では、賃金が上昇すれば（価値は一定の大きさに決まっているので）、必ず利潤が減少するという図式が成り立つのである。リカードは、地代の決定については、「差額地代説」という別の理論を用意している。

David Ricardo, *On the Principles of Political Economy and Taxation*, third edition, 1821.

13

" In speaking then of commodities, of their
exchangeable value, and of the laws which
regulate their relative prices, we mean always
such commodities only as can be increased in
quantity by the exertion of human industry,
and on the production of which competition
operates without restraint. "

David Ricardo (1821)

　リカードの価値論を読むときに留意しなければならないのは、彼がどのような商品の価値を問題にしているのかを明確に確定していることである。商品のなかには、珍しい彫刻や絵画や稀覯書のように、その価値が「稀少性」のみによって決定されるものがある。なぜなら、それらは労働を投入して再生産することが不可能であり、その価値はもっぱら買い手側の嗜好や保有したいという欲求などによって決まる。リカードは、この種の商品をみずからの価値論の対象から除外している。

　「それゆえ、商品、その交換価値、そして相対価格を規定する法則

を語るとき、私たちがつねに引き合いに出しているのは、人間の勤労の発揮によってその量を増やすことができ、その生産に競争が無制限に作用するような商品のみなのである。」

　価値論において、稀少な商品は取り扱わないという前に触れたことと、人間の労働によって再生産可能な商品のみを考察するというこの文章とをあわせてみると、リカードが商品の価値を「需要と供給」の枠組みではなく、生産の側から解明するという古典派のアプローチを初めて明確化したことに気づくだろう。

David Ricardo, *On the Principles of Political Economy and Taxation*, third edition, 1821.

14

> " It is then the desire, which every capitalist has, "
> of diverting his funds from a less to a more
> profitable employment, that prevents the market
> price of commodities from continuing for any
> length of time either much above, or much
> below their natural price. It is this competiton
> which so adjusts the exchangeable value of
> commodities, that after paying the wages for
> the labour necessary to their production, and
> all other expenses required to put the capital
> employed in its original state of efficiency, the
> remainning value or overplus will in each trade
> be in proportion to the value of the capital
> employed.

David Ricardo (1821)

　リカードは、スミスに倣って、商品の市場価格と自然価格を区別した。スミスによれば、市場価格は需要と供給の関係で変動するが、それは絶えず自然価格に向かって引き寄せられている。自然価格

が「中心価格」という考えは同じだが、リカードはさらに資本が最大の利潤を求めて各部門間を出入りするという「可動性」に注目し（それが古典派の「競争」に他ならない）、自然価格を各部門で均等利潤率が成立したときの価格として定義し直している。

「それゆえ、すべての資本家が自分の資金を利潤の少ない部門からもっと利潤を得られる部門へと移転させようとする願望を抱いているからこそ、商品の市場価格が、何らかの期間、その自然価格よりもはるかに高いか、あるいははるかに低くなることが阻止されるのである。この競争こそが、商品の交換価値を巧く調整することによって、それらの商品の生産に必要な労働の賃金と、投下された資本をその最初の効率状態に置くのに必要とされる他の経費をすべて支払った後、まだ残っている価値または余剰が各産業において投下された資本の価値に比例するようにするのである。」

このような競争観は、「需要と供給の均衡」に基づく新古典派が台頭したあとしばらく後退するが、20世紀の後半、ピエロ・スラッファの『商品による商品の生産』（1960年）とともに復活する。

David Ricardo, *On the Principles of Political Economy and Taxation*, third edition, 1821.

15

> "The value of corn is regulated by the quantity of labour bestowed on its production on that quality of land, or with that portion of capital, which pays no rent. Corn is not high because a rent is paid, but a rent is paid because corn is high.
>
> David Ricardo (1821)

　資本が蓄積され人口が増加しつつある経済では、優等地だけの穀物生産では追いつかなくなり、やがて劣等地での耕作に進まざるを得ない（「収穫逓減の法則」）。リカードによれば、穀物の価格は、耕作に使われているなかで最も生産性の劣る土地（限界地）での生産費（投下労働量のこと）によって決まるので、限界地よりも生産性の高い（「生産費がかからない」と考えるとわかりやすい）優等地では余剰が生じる。これが「地代」となるという（「差額地代説」）。限界地では地代は生じないことに留意しよう。

「穀物の価格は、地代を何ももたらさない質の土地、またはその資本部分を用いる生産に投入された労働量によって規定される。穀物

は地代が支払われるから高価なのではなく、穀物が高価だから地代
が支払われるのである。」

　経済学史の講義で何回も差額地代説を説明してきたが、どうも初
学者にはそれはわかりにくいようである。だが、リカードの論理展
開は明快そのものである。穀物の高価格は、地代を増大させる一方
で、生存費の増大を通じて自然賃金を上昇させる（「賃金の生存費
説」）。賃金の上昇は必ず利潤を減少させる（穀物の価格は投下労働
量によって一定の大きさに決まっているので）。その行き着く先は、
利潤がゼロとなるような「定常状態」である。定常状態を回避する
ために、農業上のイノベーションでも生じない限り、外国の安価な
穀物の自由輸入を認めるしかないが、それが基本的に産業資本家の
立場に立っていたリカードが主張したことであった。

David Ricardo, *On the Principles of Political Economy and Taxation*, third edition, 1821.

16

"Population, when unchecked, increases in a geometrical ratio. Subsistence increases only in an arithmetical ratio. A slight acquaintance with numbers will shew the immensity of the first power in comparison with the second.

Thomas Robert Malthus (1798)

　トーマス・ロバート・マルサスの『人口論』（初版は 1798 年、1826 年の第 6 版まで版を重ねた）やマルサス主義は、高校の世界史教科書にも出てくるくらいだから、大学生で何も知らなかったらそれこそ問題である。いまでこそ少子高齢化と言われるが、これまでの人間の歴史においては、人口の爆発的増加への恐れのほうが社会問題に敏感な知識人たちの関心を占めてきたと言っても過言ではない。それゆえ、マルサスの名前は、人口増加が問題になるたびに何度も復活してきたのである。

　「人口は、抑制されなければ、等比級数的に増加する。生活資料は、等差級数的にしか増加しない。少しでも算術がわかれば、第一の力が第二の力と比較して巨大であることがわかるだろう。」

　確かに、これくらいの算術であれば中学生でもわかりそうだが、マルサスは、ケンブリッジ大学ジーザス・カレッジで数学も学んでいるので、その方面の才能もあったのだろう。マルサスの人口原理は、彼の親友であったリカードの『経済学および課税の原理』にも採り入れられているが、この二人は、その点を除ければほとんどの経済問題で意見が食い違った（例えば、穀物法論争やセイの販路法則をめぐる論争など）。しかし、お互いの才能を深く尊敬し合っていたので、終生友人であり続けた。膨大な書簡のやりとりが残されている。

Thomas Robert Malthus, *An Essay on the Principle of Population*, 1798.

17

> "In political economy the desire to simplify has occasioned an unwillingness to acknowledge the operation of more causes than one in the production of particular effects; and if one cause would account for a considerable portion of a certain class of phenomena, the whole has been ascribed to it without sufficient attention to the facts, which would not admit of being so solved."
>
> Thomas Robert Malthus (1836)

　古典派経済学の最も体系的なモデルを提示したのはリカードだった。だが、彼の親友であったマルサスには、リカードがあまりにも抽象的な思考を好み、きわめて単純なモデルから経済政策を引き出そうとしているように思えた。一言でいえば、マルサスは「経験」を重視したのである。

「経済学では、単純化したいという願望があるために、特定の結果を生み出すのに一つ以上の原因が作用しているのを認めたがらなくなった。それゆえ、もし一つの原因がある種の現象の大部分を説明

するならば、その全体はその一つの原因の結果だと見なされて、そのような解決を許しそうもない事実に十分な考慮が払われないままになっているのである。」

　マルサスは大学で数学を学んでいたが、意外にも、経済学ではリカードのように単純なモデルだけで結論を引き出そうとはせず、つねに経験に訴えて物事を判断した。そういえば、のちにマルサスを再評価し、ケンブリッジ経済学者の最初のひとだと言ったのも、数学出身のケインズだった。

Thomas Robert Malthus, *Principles of Political Economy*, second edition, 1836.

18

> " It is scarcely necessary to remark that a
> stationary condition of capital and population
> implies no stationary state of human
> improvement. There would be as much scope as
> ever for all kinds of mental culture, and moral
> and social progress; as much room for
> improving the Art of Living, and much more
> likelihood of its being improved, when
> minds ceased to be engrossed by the art of
> getting on. "
>
> John Stuart Mill (1848)

　ミルの『経済学原理』の特徴としてどうしても触れずに済ますことができないのは、生産・分配峻別論のほかには、いわゆる「定常状態」(stationary state) に対する異端の評価だろう。古典派の人々にとって、利潤が究極的にゼロとなる定常状態は、どうしても回避したい事態だった。だが、最後の古典派経済学者と呼ばれるミルは、定常状態の到来を忌み嫌うどころか、むしろそれを積極的に生き方を変えるチャンスとして捉え直すという「異端」の思想の先駆者と

なった。

「改めて指摘するまでもないが、資本と人口の定常状態が人間的発展の停止状態を意味するものでは決してない。定常状態でも、以前と同じように、あらゆる種類の精神的文化や、道徳的および社会的進歩の余地が十分にあることに変わりないだろう。また「生活様式」を改善する余地も以前と変わりなく、むしろそれが改善される可能性は、人間の心が出世する術に夢中にならなくなるとき遥かに大きくなるだろう。」

　この辺のミルの文章は、産業主義偏重によって環境破壊が深刻になった現代の読者にも参考になるところが多いので、ぜひ原文を読んでほしい（古い訳書はあるが、いまや新訳でないと読みづらいと思う）。

John Stuart Mill, *Principles of Political Economy: with Some of Their Applications to Social Philosophy*, 1848.

19

"If the claims of Individuality are to be asserted,
the time is now, while much is still wanting
to complete the enforced encroachment. It is
only in the earlier stages that any stand can be
successfully made against the encroachment.

John Stuart Mill (1859)

　ジョン・スチュアート・ミルの『自由論』は、いまだに読む価値
のある古典的名著である。ミルは19世紀イギリスが生んだ偉大な
教養人だが、個人の自由への侵食や画一化の進行を憂慮する彼の姿
は、そのまま現代の論客としても通用するほどだ。現代の私たちは、
「思想と言論の自由」をあまりにも当然のものと考えがちだが、ど
この国でも、それが危機にさらされる可能性はつねにある。それど
ころか、「自由主義」を謳っていた国々でも、今や、大衆迎合主義
やそれに便乗した政治家の登場など、「自由」の意味が真剣に問わ
れていると言ってもよい。

　「もし個性の要求を主張すべきであるとすれば、いまがそのときで
ある。なぜなら、強制的な個性への侵害を完成するには、いまだに

**多くのものが欠けているからである。初期の段階においてのみ、個
性への侵害に対する抵抗は成功しうるのだ。」**

　ミルは、しばしば「侵害」(encroachment) という言葉を使って
いるが、個性への侵害が完成した先には「画一化」された「自由」
のない社会が待っている。それは独裁主義国や旧ソ連のような例外
に過ぎない、とそう安穏としてはいられない。画一化は知らないと
ころで着実に進んでいるかもしれない。それに対する警戒心を忘れ
てはならないということなのだ。

John Stuart Mill, *On Liberty*, 1859.

20

" Complete liberty of contradicting and
disproving our opinion is the very condition
which justifies us in assuming its truth for
purpose of action; and on no other terms can
a being with human faculties have any rational
assurance of being right. "

John Stuart Mill (1859)

　思想と言論の自由は、単に自分の意見を自由に表明するだけでは
保証されない。どれほど優れた能力をもった人でも、もしかしたら
自分は間違っているかもしれないと自覚し、それが判明したら自分
の意見を改める用意がなければならない。ミルは、同じ趣旨のこと
を手を変え品を変え言っているが、要するに、自分が判断を間違っ
たと気づいたときには潔く改める心がけが必要だということである。
いわば、本来の意味での「君子は豹変す」である。

　たとえある意見がその時代に「正しい」ものとして通用していた
としても、それを絶対的に正しいとは考えず、つねに改良の余地が
あるものと心に留めておく。ミルは、「真理」とは、そのような意
味で不完全な真理を長い時間をかけて改善していくことによってし

か近づけないものだと考えている。それゆえ、自分の意見とは対立する意見にも真摯に耳を傾ける必要を訴えるのである。逆に言えば、それができなくなったとき、自由は危機にさらされるということだ。

「私たちの意見に反駁し反証する完全な自由を認めることこそが、まさに、私たちの意見が行動目的として正しいと考えることを正当化するための条件である。そして、それ以外の条件では、人間の能力をもった存在は、自分が正しいという合理的な保証を得ることができないのである。」

John Stuart Mill, *On Liberty*, 1859.

21

“This tone consisted chiefly in making the proper” distiction between the laws of the Production of Wealth, which are real laws of nature, dependent on the properties of objects, and the modes of its Distribution, which, subject to certain conditions, depend on human will.

John Stuart Mill (1873)

　ミルの『自伝』は、岩波文庫に名訳がある（朱牟田夏雄訳、1960年）。訳者の朱牟田夏雄氏は、往年の受験参考書『英文をいかに読むか』（文建書房、1959 年）の著者でもあったが、ややハイレベルでも、英語が好きな受験生には人気があった。私はこの本と、同じ著者の『翻訳の常識』（八潮出版社、1979 年）を愛読していた。

　ミルはスケールの大きな偉大な教養人だったので、『自伝』のような著作は、経済学者や経済思想史家よりは文芸的教養をもった人が訳したほうがうまくいくかもしれない。上の英文は、ミルの『経済学原理』の特徴である「生産・分配峻別論」に触れた箇所からの引用である。

「このような基調が生まれたのは、主として、次のような適切な区別を導入したからである。すなわち、対象の特性に依存する真の自然法則である富の生産の法則と、いくつかの条件のもと、人間の意思に依存する分配様式の区別である。」

　ミルは、リカード経済学が資本主義体制を「所与」として取り扱っていることに次第に不満を抱き、フランスのサン゠シモン派の社会主義の思想などに学びながら、分配様式が「制度と習慣」の変化とともに変化しうることを『経済学原理』のなかに採り入れた。マルクスのように資本主義の打倒を意図してはいないが、資本主義の漸進的改革の路線を敷いた重要な新機軸であった。

John Stuart Mill, *Autobiography*, 1873.

22

> " It was, from the first, continually cited and "
> referred to as an authority, because it was not
> a book merely of abstract science, but also of
> application, and treated Political Economy
> not as a thing by itself, but as a fragment of a
> greater whole; a branch of Social Philosophy,
> so interlinked with all the other branches,
> that its conclusions, even in its own peculiar
> province, are only true conditionally, subject to
> interference and counteraction from causes not
> directly within its scope: while to the character
> of a practical guide it has no pretension, apart
> from other classes of considerations.
>
> John Stuart Mill (1873)

　ミル『自伝』から、重要なので少しばかり長い文章を引用した。多くの解説は要らないだろう。ミルが狭い意味での経済理論家ではなく、社会哲学の一部門として経済学を考えていた点を再確認したい。冒頭の It は、ミルの『経済学原理』を指している。以下に試

訳を掲げる。

　「『経済学原理』は、最初から、つねに権威書として引用されたり言及されたりしたが、その理由は、それが単に抽象科学ばかりでなく応用の著作でもあり、経済学を自律的な科学ではなく、より大きな全体の一部として取り扱ったからである。すなわち、経済学は社会哲学の一部門であり、他のすべての分野と密接に関連しているために、その結論も、それ自身の特有の領域においてでさえ、条件付きでしか正しくなく、経済学の範囲内から直接には出てこない原因からの干渉や反作用の制約を受けるのである。他方で、実践的指針の性格については、他の部門への考慮を離れて経済学がそのような資格を要求することはできないのだと位置づけている。」

John Stuart Mill, *Autobiography*, 1873.

23

More money is withdrawn from circulation at
the finish than was thrown into it at the start.
The cotton that was bought for £100 is perhaps
resold for £100+£10 or £110. The exact form
of this process is therefore M-C-M', where
M'=M+ΔM = the original sum advanced, plus
an increment. This increment or excess over
the original value I call "surplus value." The
value originally advanced, therefore, not only
remains intact while in circulation, but adds to
itself a surplus-value or expands itself. It is this
movement that converts it into capital.

Karl Marx (1867)

カール・マルクス『資本論』第 1 巻（ドイツ語版 1867 年）にお
けるあまりにも有名な公式 M-C-M'（最初の英訳は 1887 年に出て
いる）。

「最後には、より多くの貨幣が、最初に投げ込まれたよりも流通

から引き上げられる。100ポンドで買われた綿花は、おそらく100+10すなわち110ポンドで再び売られる。したがって、この過程の厳密な形態は、M-C-M′であり、ここでM′=M+∆Mである。すなわち、最初に前貸された貨幣額プラスある増加分である。最初の価値を超えるこの増加分または超過分を、私は「剰余価値」と呼ぶ。したがって、最初に前貸された価値は、流通のなかで元のままにとどまるばかりでなく、それ自身に剰余価値を追加する。あるいは、自己の価値を増殖するのである。この運動こそが、その価値を資本に転化させるのである。」

　ほとんど解説は要らないだろう。マルクスの原典を読んだ形跡のないケインズも、ある解説書のなかでみたマルクスの公式M-C-M′は、貨幣賃金経済（企業家経済）、つまり資本主義経済の特徴をつかんだ優れた着想として賛意を示している（『一般理論』第3草稿）。それはいまだに真理である。

Karl Marx, *Capital: A Critique of Political Economy*, vol.1, first published in German, 1867, English edition first published in 1887.

24

"Centralisation of the means of production and socialisation of labour at last reach a point where they become incompatible with their capitalist integument. This integument is burst asunder. The knell of capitalist private property sounds. The expropriators are expropriated."

Karl Marx (1867)

マルクス『資本論』第1巻末尾近くにある、これもあまりに有名な文章。一昔前の学生は、商品から始まってこのラストまで辿り着くと、ある種の知的興奮を味わったものらしい。資本家同士の競争は「資本の有機的構成」（不変資本 c／可変資本 v）の高度化をもたらすが、他方で労働者の相対的な過剰人口（いわゆる「産業予備軍」）を生み出し、資本家階級と労働者階級との対立を激化させる。そして、

「ついには、生産手段の集中と労働の社会化がある点に到達し、そこでそれらは資本主義的外皮と調和しなくなる。この外皮がバラバラに爆破される。資本主義的私有財産の弔いの鐘が鳴る。収奪者が

収奪される。」

　名古屋大学教授を長くつとめた飯田経夫さんが生前語ったところ
によると、学部のゼミを選ぶとき、迷った末にケインズ経済学の研
究で有名だった塩野谷九十九教授のゼミに入ったところ、友人たち
から、「君も資本家の手先になるのか！？」と言われたらしい。い
まの学生には想像もつかないだろうが、そんな時代もあったのだ。

Karl Marx, *Capital: A Critique of Political Economy*, vol.1, first published in German, 1867, English edition first published in 1887.

第Ⅱ章

新古典派経済学

25

<blockquote>
"One of the most important axioms is, that as the" quantity of any commodity, for instance, plain food, which a man has to consume, increases, so the utility or benefit derived from the last portion used decreases in degree. The decrease of enjoyment between the beginning and end of a meal may be taken as an example. And I assume that on an average, the ratio of utility is some continuous mathematical function of the quantity of commodity.

William Stanley Jevons (1860)
</blockquote>

　明治維新の「三傑」という言い方に倣うなら、ウィリアム・スタンリー・ジェヴォンズは、ワルラスやメンガーとともに、限界革命の三傑の一人である。だが、ワルラスやメンガーは学派をつくることができたが、ジェヴォンズは早逝によってそれが叶わなかった。

「最も重要な公理の一つは、次のようなものである。すなわち、何らかの商品、例えば人間が消費しなければならないふだんの食糧の

数量が増加するにつれて、最後に使用された部分から得られる効用
または便益はその度合が減少するということである。食事の最初と
最後のあいだの満足の減少をこの一例にとることができるだろう。
そして私は、平均して、効用比率は商品の数量のある数学的な連続
関数であると仮定する。」

　限界革命は、昔の通説と違って、単に「限界効用」の発見だけが
重要なのではないが、それでも、上の手紙（ジェヴォンズの兄ハー
バート宛、1860 年 6 月 1 日付）にみられるように、ジェヴォンズ
が早い段階から限界効用の概念を掴んでいたことは確かである。
「限界」概念の登場によって、経済学と微分法との長い付き合いが
始まったといえるかもしれない。

Letters and Journal of W. Stanley Jevons, edited by his Wife (Harriet A. Jevons) , 1886.

26

> "But as all the physical sciences have their basis more or less obviously in the general principles of mechanics, so all branches and divisions of economic science must be pervaded by certain general principles. It is to the investigation of such principles—to the tracing out of the mechanics of self-interest and utility, that this essay has been devoted."

William Stanley Jevons (1879)

「革命児」ジェヴォンズは、ひときわ、「リカード＝ミル学派」（もちろん、当時の古典派の代表である）への敵意が強かった。彼が反発したリカード＝ミル学派とは、価値が生産費によって決まるという、もともとは労働価値説の流れを汲む理論を説く人たちのことである。だが、いまや、価値は限界効用によって決まるという自分の理論によって、古典派の価値論は粉砕された。少なくとも彼はそう信じていた。

「しかし、すべての自然科学の基礎が大なり小なり力学の一般的原

理にあることが明らかなように、経済学のすべての部門や区分にも、明確な一般的原理が浸透していなければならない。もっぱら、そのような原理の探求——利己心と効用の力学の追究——のためにこそ、まさに本書は書かれたのである。」

　だが、価値と分配の問題に生産の側からアプローチするという意味での「古典派」が、その後まったく消えてしまったのではない。現代経済学史に詳しい人なら、スラッファの『商品による商品の生産』（1960 年）が古典派アプローチを復権させた労作だということを知っているだろう。

William Stanley Jevons, *The Theory of Political Economy*, first published in 1871, Preface to the second edition, 1879.

27

" Value is therefore nothing inherent in goods, "
no property of them, nor an independent thing
existing by itself. It is a judgment economizing
men make about the importance of the goods
at their disposal for the maintenance of their
lives and well-being. Hence value does not exist
outside the consciousness of men.

Carl Menger (1871)

　カール・メンガーは、限界革命の「三傑」のなかで、物事を最も
根源的なところから考える人だった。財の限界効用は、経済主体に
よって評価が異なるという意味で「主観的」な価値論だと説明され
るのだが、その主観主義を最も強調したのがメンガーだと言っても
よい。

　「それゆえ、価値とは、財に内在的なものでも、財の特徴でも、独
立してそれ自体存在する物でもない。価値とは、経済人が自分の支
配している財が自分の生命や福祉の維持に対してどれほどの重要性
をもっているかについて下す判断なのである。したがって、価値は、

経済人の意識の外部には存在しない。」

　メンガーは、ジェヴォンズやワルラスと違って、理論の展開に数学を使わなかった。数学の役割についてワルラスと手紙のやりとりをしているが、どうも意見が噛み合っていないようだった。それでも、今日の初歩的な教科書で必ず習う、「限界効用逓減の法則」や「限界効用均等の法則」などは言葉のみで論理的に導き出されている。

　主観主義の経済学は、メンガーが本拠地としたウィーン大学出身のハイエクによって現代にも継承されている。

Carl Menger, *Principles of Economics*, translated from German by James Dingwall and Bert F. Hoselitz, 1976.

28

❝ Money is not an invention of the state. It is not ❞
the product of a legislative act. Even the sanction
of political authority is not necessary for its
existence. Certain commodities came to be
money quite naturally, as the result of economic
relationships that were independent of the
power of the state.

Carl Menger (1871)

　メンガーは、ユニークな貨幣発生論を展開した。古今の経済学者
がこの問題に挑戦しているが、メンガーの貨幣発生論のキーワード
は、「販売力」の高い「商品」という概念である。各経済人は、自
分には直接の使用目的には役に立たないが、それをもっていれば交
換相手を見つけやすいような財をまず入手しようとするだろう。そ
のような財を、「販売力」の高い「商品」と呼ぶ。メンガーは、各
経済人が繰り返し交換をおこなううちに、どの「商品」が最も「販
売力」が高いかが明らかになり、それが「貨幣」の役割を演じるよ
うになると考えた。

「貨幣は国家が発明したものではない。貨幣は立法的行為が生み出したものでもない。政治権力による認証でさえ、貨幣の存在にとって必要なものではない。ある商品が全く自然に貨幣となったのは、国家権力とは独立した経済的関係の結果なのである。」

メンガーの貨幣発生論は、ハイエクの「自生的秩序」の思想的源泉でもある。メンガーのオーストリア学派は、現代経済学の主流派にはほとんど組み込まれていないが、そのユニークなアイデアは、ハイエクやミーゼスなどを通じて現代にも受け継がれている。

Carl Menger, *Principles of Economics*, translated from German by James Dingwall and Bert F. Hoselitz, 1976.

29

> "Pure economics is, in essence, the theory of the determination of prices under a hypothetical régime of perfectly free competition. The sum total of all things, material or immaterial, on which a price can be set because they are scare (i.e. both useful and limited in quantity), constitutes social wealth. Hence pure economics is also the theory of social wealth."
>
> Léon Walras (1900)

　レオン・ワルラスの『純粋経済学要論』初版は、第1分冊が1874年、第2分冊が1877年に出版されたが、彼の生前は第4版（1900年）まで版を重ね、死後の1926年に決定版が出ている。英訳を担当したのは、ワルラス研究の第一人者ウィリアム・ジャッフェであり、彼が付した詳細な校注はとても貴重である。

「純粋経済学の本質は、完全な自由競争という仮説的な制度の下での価格決定理論である。物質的、非物質的を問わず、すべての物は、稀少である（すなわち、有用であり、かつ量が限られている）がゆ

えに価格をつけることができるのだが、それらの総体が社会的富を構成する。それゆえ、純粋経済学は、社会的富の理論でもあるのだ。」

　ワルラスの一般均衡理論は、初歩的な教科書では、連立方程式体系を用いて説明されることが多いが、それだけでは、ワルラスのいう「社会的富」の意味がわからずに終わってしまいかねない。彼は、社会的富が一回以上使用できる「資本」（または「耐久財」）と、一回しか使用できない「収入」（または「消耗財」）から構成されると考えたが、この区別は重要なので、次回に詳しく説明したい。

Léon Walras, *Elements of Pure Economics: or The Theory of Social Wealth*, translated from French by William Jaffé, 1954. Preface to the fourth edition (1900), p.40.（ただし、イタリックはすべて立体にした。）

30

> " It is of the essence of capital to give rise to
> income; and it is of the essence of income to
> originate, directly or indirectly, in capital. "
>
> Léon Walras (1900)

「資本の本質は収入を生み出すことであり、収入の本質は直接的または間接的に資本に由来することである。」

　簡単なようで、重要な内容を含む文章である。ワルラスにとって、「資本」とは、具体的には、「土地」「人的能力」「本来の資本財」のことだが、その継続的使用が「用役」（「土地用役」「人的用役」「資本用役」）を生み出す。この「用役」が「収入」を言い換えたものだと理解するとわかりやすい。

　用役の所有者たち（「地主」「労働者」「資本家」）は、自分のもっている用役を、個人的消費に充てる部分と、「企業家」に売却する部分に分けるが、その目的は、用役の個人的消費から得られる効用と、用役を企業家に売却した対価で購入した生産物から得られる効用の総和を「最大化」することである。他方、企業家は、提供された用役をさまざまな生産的用途にあてることによって、利潤を「最

大化」しようとする。

　かくして、この経済体系には、「生産用役」の市場と、「生産物」の市場が成立するが、ワルラスによれば、この体系の「一般均衡」は、①生産用役の需給均等、②生産物の需給均等、③生産物の価格と生産費の均等、という三つの条件がすべて満たされたときに達成される。ワルラスは、素朴な方法ながら、連立方程式体系の方程式と未知数の数が等しいことを確認することによって、数理的解法が得られると信じていた。だが、限界効用の発見によって始まった限界革命が、ワルラスの一般均衡理論によって一つの頂点を極めたことは認めなければならない。

Léon Walras, *Elements of Pure Economics: or The Theory of Social Wealth*, translated from French by William Jaffé, 1954, p.213.

31

"It is already perfectly clear that economics, like astronomy and mechanics, is both an empirical and a rational science. .....It took from a hundred to a hundred and fifty or two hundred years the astronomy of Kepler to become the astronomy of Newton and Laplace, and for the mechanics of Galileo to become the mechanics of d'Alembert and Lagrange. On the other hand, less than a century has elapsed between the publication of Adam Smith's work and the contributions of Cournot, Gossen, Jevons, and myself. We were, therefore, at our post, and have performed our duty.

Léon Walras (1900)

「すでに完全に明らかなのは、経済学が、天文学や力学と同様に、経験的であると同時に合理的な科学であるということである。……100 年から 150 年または 200 年かけてようやく、ケプラーの天文学がニュートンやラプラスの天文学になり、ガリレオの力学がダ

ランベールやラグランジュの力学となったのである。他方、アダム・スミスの著作の出版から、クルノー、ゴッセン、ジェヴォンズ、そして私自身の貢献のあいだには、一世紀の時間も経過していない。それゆえ、私たちは、その持ち場で、その義務を果たしたのである。」

　いまから見れば素朴に過ぎるが、経済学を物理学や天文学のような自然科学並みの学問にしたいというワルラスの情熱が素直に表現された文章である。多くの解説は不要だろう。彼が数理経済学にかけた夢は、100 年と言わず、半世紀後にはアメリカで大輪の花を咲かせることになったのだから。

Léon Walras, *Elements of Pure Economics: or The Theory of Social Wealth*, translated from French by William Jaffé, 1954, Preface to the fourth edition (1900) .

32

> " Unfortunately, it must be said that up to the present economists have been less concerned with establishing proofs for their arguments in favour of *laisser-faire*, *laisser-passer* than they have been with using them as weapons against the socialists, new and old, who for their part are equally negligent in establishing proofs for their arguments in favour of State intervention. "
>
> Léon Walras (1900)

　ワルラスは、今日でいう「自由放任主義者」では決してなかった。上の文章を読むときは、それを念頭に置いておかないと誤解する可能性がある。ワルラスは、「純粋経済学」では、完全競争を仮定して、「主体的均衡」（効用の最大化と利潤の最大化）と「市場均衡」がともに実現されることを「証明」した。だが、純粋経済学の「仮定」である完全競争が現実のいろいろな産業に適用されるかどうかは、「応用経済学」によって吟味されなければならなかった。さらにワルラスは、「所有権」の問題を扱う「社会経済学」を用意していたので、三つが揃って初めて彼の経済学体系が完成するのである。

「不幸にも、次のことは言っておかねばならない。現在までのところ、経済学者は新旧の社会主義者に対抗する武器として「自由放任」を利用することに熱心だったが、それと比較すると、「自由放任」を支持する議論のための証明を確立することにはあまり関心がなかった。また新旧の社会主義者のほうも、同じように、国家干渉を支持する議論のための証明を確立することには無関心であった。」

　これを読んで、ワルラスが自由放任主義を説いていると早合点してはならない。

Léon Walras, *Elements of Pure Economics: or The Theory of Social Wealth*, translated from French by William Jaffé, 1954, p.256.

33

The essential point is that the maintenance of a constant level of prices depends, other things remaining equal, on the maintenance of a certain rate of interest on loans, and that a permanent discrepancy between the actual rate and this rate exerts a progressive and cumulative influence on prices.

Knut Wicksell (1898)

　貨幣的経済理論家としてのクヌート・ヴィクセルの名を高めた『利子と物価』（初版は1898年）から「累積過程」の核心を突く文章。彼もマーシャルと同じく数学者から経済学者に転身した一人だが、その波乱に満ちた生涯は、小説が書けそうに面白い（関心があれば、ぜひ彼の評伝を読んでみてほしい）。

　ヴィクセルは、19世紀末の大不況期のスウェーデンで、金あまりが続いているにもかかわらず物価が上がらない、という貨幣数量説では説明できない現象を観察し、「貨幣利子率」（中央銀行が設定する利子率）と「自然利子率」（投資と貯蓄を均等にさせる利子率）との乖離から物価変動を解明する新機軸を成し遂げた。このような

KEYWORD

**累積過程 / 貨幣数量説
貨幣利子率 / 自然利子率**

思考法は、『貨幣論』（1930 年）を準備しつつあったケインズにも大きな影響を与えている（もっとも、マーシャルにも類似のアイデアはあったが、委員会での証言のなかにあるのみで、体系的な著作にはまとめられてはいない）。

　「**本質的な点は何かといえば、物価を一定水準に維持するのは、他の事情が同じならば、貸付に対するある特定の利子率を維持できるかどうかにかかっており、現実の利子率（貨幣利子率）とこの利子率（自然利子率）のあいだに恒常的な開きがあれば物価に対して連続的かつ累積的な影響を及ぼすということである。**」

　ヴィクセルは、晩年になって、実物的な要因に焦点を合わせた短い論文「景気循環の謎」（1907 年）も書いているが、彼の貨幣的経済理論の仕事と比較すると、まだ体系化されていない印象は拭えない。それだけ、「累積過程」のインパクトが強かったということだろう。

Knut Wicksell, *Interest and Prices*, translated from German by R. F. Kahn, 1936.

34

“ The nation used to be called "the Body Politic." ”
So long as this phrase was in common use, men
thought of the interests of the whole nation
when they used the word "Political": and
then "Political Economy" served well enough
as a name for the science. But now "political
interests" generally mean the interests of only
some part or parts of the nation; so that it seems
best to drop the name "Political Ecomomy," and
to speak simply of Economic Science, or more
shortly, Economics.

Alfred and Mary Paley Marshall (1879)

「エコノミックス」(Economics) という言葉がアルフレッド・マー
シャルの造語だということは比較的よく知られているが、彼が古典
派の「ポリティカル・エコノミー」(Political Economy) という言葉
に代えて「エコノミックス」を選んだ理由はいまだに共有されてい
ないように思われる。

「国家はかつて「統治体」(Body Politic) と呼ばれたものだ。この表現が一般に使われていた限りでは、人々は、「ポリティカル」という言葉を使うとき、国民全体の利益のことを考えていた。したがって、その頃は、「ポリティカル・エコノミー」は、この学問の名前として十分に役立った。しかしいまや、「ポリティカルな利益」とは、一般に、国民のほんの一部の利益を意味しているので、「ポリティカル・エコノミー」という名前を撤回し、簡潔に「エコノミック・サイエンス」、あるいはもっと短くすれば「エコノミックス」について語るのがベストであるように思われる。」

ここでは、誤解を招かないように、Political Economy は「政治経済学」と訳してはいない。古典派の文脈でその言葉が出て来れば、一般に「経済学」と訳して問題はないと思う。なぜなら、「経済」とは、もともと「経世済民」を意味していたのだから。マーシャルは、確かに、「経済学」(Economics) という言葉を普及させたのだが、古典派の「経世済民」の側面を否定することを決して意図していなかった。それにもかかわらず、現在、一部の人々は、「経済学」や「経済科学」を、政治的要因をいっさい排除した学問であるかのように語り、その源はマーシャルにあるという誤った言説を信じている。残念なことである。

Alfred and Mary Paley Marshall, *The Economics of Industry*, 1879.

35

> "It will be my most cherished ambition, my
> highest endeavour, to do what with my poor
> ability and my limited strength I may, to increase
> the numbers of those, whom Cambridge, the
> great mother of strong men, sends out into
> the world with cool heads but warm hearts,
> willing to give some at least of their best powers
> to grappling with the social suffering around
> them; resolved not to rest content till they have
> done what in them lies to discover how far it is
> possible to open up to all the material means of
> a refined and noble life.
>
> Alfred Marshall (1885)

　マーシャルのケンブリッジ大学教授就任講演「経済学の現状」
（1885年）から。「冷静な頭脳と温かい心」という有名な言葉が出
てくる。解説は不要と思われるので、試訳のみを掲げる。この文章
は、英文法通りではうまく日本語に訳せないので、かなり大胆に訳
してみよう。

「私には心に大切に秘めた願望があり、そのために最大限の努力を傾けるつもりである。それは、私の乏しい才能と限られた力を振り絞って、強き人間の偉大な母たるケンブリッジが世の中に送り出す人々の数を増やすことである。彼らは、冷静な頭脳と温かい心をもって、自分たちの最良の力の少なくとも一部を使って周囲の社会的な苦難に進んで取り組み、自分たちにできることを成し遂げるまでは決して満足することがない人々である。そして、洗練された高貴な生活を送るために必要な物質的手段をすべての人に開放することがどこまで可能かを発見しなければならない。」

Alfred Marshall, "The Present Position of Economics," in *Memorials of Alfred Marshall*, edited by A. C. Pigou, 1926, p.174.

36

“ The main concern of economics is thus with human beings who are impelled, for good and evil, to change and progress. ”

Alfred Marshall (1920)

　アルフレッド・マーシャルは、イギリスにおける新古典派経済学を体系化し、ケインズ革命に至るまで影響力を保ち続けた名著『経済学原理』（初版 1890 年、第 8 版 1920 年）を著した。ケンブリッジ大学教授として、ピグー、ケインズ、ロバートソンなどのきわめて有能な経済学者を育成した。「ケンブリッジ学派」とも呼ばれる。

　マーシャルのイメージは、現在でも、「需要と供給の均衡」の図（「マーシャリアン・クロス」と呼ばれた）によって形成されている。確かに、需要と供給の均衡理論は、マーシャルの新古典派の核心であり、すべての学生がこの図から経済学を学んだといっても過言ではない。だが、マーシャル自身は、需給均衡理論は経済学の基礎ではあっても、その先にはまだ経済の「進化」（ダーウィンの進化論の影響を受けて、evolution という言葉が多用された）を取り扱う「経済生物学」があるのだと主張していた。上の文章も、それを端的に表現したものである。

「それゆえ、経済学の主な関心は、良かれ悪しかれ、変化と進歩に駆り立てられる人間にあるのである。」

Alfred Marshall, *Principles of Economics*, 8th edition, 1920, preface to the 8th edition.

37

" The balace, or equilibrium, of demand and   "
supply obtains ever more of this biological tone
in the more advanced stages of economics. The
Mecca of the economist is economic biology
rather than economic dynamics.

Alfred Marshall (1898)

　マーシャルの需給均衡理論は現代経済学の共有財産になってい
るが、収穫逓増の問題が絡むと、それが分析装置としてまだ限界
をもっていることに気づいていた。しかも、彼は、価格決定にお
ける需給均衡理論を普及させた功労者でありながら、それで満足せ
ず、その先には経済の「進化」を研究する「有機的成長理論」、換
言すれば「経済生物学」という分野があることを何度も指摘してい
た。

　マーシャルの『経済学原理』に即していうと、需給均衡理論は第
5編、有機的成長理論は第6編「国民所得の分配」に配置されてい
るが、どう見ても、後者は前者の完成度には及ばない。もちろん、
ヒントになる示唆はあちこちにあるけれども、マーシャルはそれを
一つの明快なモデルにまで昇華することはできなかった。「見果て

ぬ夢」という言葉がふさわしい。

「需要と供給の平衡または均衡は、経済学のより進んだ段階では、ますますこのような生物学的色合いを帯びる。経済学者のメッカは、経済動学というよりは経済生物学なのである。」

　読者のなかには、20年ほど前、「進化経済学」が流行したとき、マーシャルの経済生物学も再評価されたではないかという人もいるかもしれない。しかし、進化経済学会の内部は一枚岩ではなく、私見では、マーシャルよりはヴェブレンの「進化論的経済学」のほうが現代の進化経済学への影響は大きいように思われる。

Alfred Marshall, "Distribution and Exchange," *Economic Journal*, vol.8, 1898.

38

> "Thus we may conclude that, as a general rule,
> the shorter the period which we are
> considering, the greater must be the share of our
> attention which is given to the
> influence of demand on value; and the longer
> the period, the more important will be
> the influence of cost of production on value.
>
> Alfred Marshall (1920)

　マーシャルは、1890 年、満を持して『経済学原理』の初版を出版した。彼は、価値論をめぐって、古典派の生産費説と限界革命派の限界効用説が対立している状況を慎重に観察していた。というのは、彼はその二つの学説が全くの「水と油」のようなものではなく、「時間の要素」を明確にすることによって、「需要と供給の均衡」という枠組みに包摂することができると考えていたからだ。

「それゆえ、私たちは次のように結論づけてよいだろう。すなわち、一般原則として、考察している期間が短ければ短いほど、価値に対する需要の影響にもっと多くの注意を向けなければならない。しか

し、考察している期間が長ければ長いほど、価値に対する生産費の
影響がより重要になるだろう。」

　マーシャルは、もともとケンブリッジ大学で数学を学んだので、
ジェヴォンズやワルラスなどが使っている程度の数学は楽々と理
解することができた。しかし、限界効用説によって古典派の価値
論が無用になるという説には納得しなかった。なぜなら、経済分析
にとっての鍵は「時間の要素」を明確にすることであり、時間の
長短によって古典派と限界効用派の適用領域も明らかになるからだ。
それを包み込むのが、「需要と供給の均衡」という分析装置である。
現代経済学の教科書にも残っている、マーシャル畢生の仕事である。

Alfred Marshall, *Principles of Economics*, eighth edition, 1920.

39

> " The Statical theory of equilibrium is only an
> introduction to economic studies; and it
> is barely even an introduction to the study of the
> progress and development of industries which
> show a tendency to increasing return. "
>
> Alfred Marshall (1920)

　マーシャルは、「需要と供給の均衡」という枠組みに基づく経済理論を広く社会に普及させた功労者である。今日では、需給均衡による価格決定の図は、中学や高校の教科書にも載っている。だが、マーシャルは同時に、その理論の限界もよくわきまえていた。とくに、個々の企業や産業で「収穫逓増」（生産量の拡大とともに生産費が低下すること）の働きが強く作用する場合、「内部経済」をいち早く実現した企業が市場を完全独占してしまい、競争的枠組みそのものが崩れる恐れがある。「収穫逓増の下での競争均衡」の解明は、マーシャルにとって悲願であった。

　「静学的な均衡理論は、経済研究にとっての序論に過ぎない。さらに、それは、収穫逓増への傾向を示す産業の進歩と発展の研究に

とっては、かろうじて序論となるに過ぎないとさえ言ってもよい。」

　もっとも、それが成功したかどうかは、のちの学界で論争の的になる（先走っていえば、彼が提示した「外部経済」の重要性という工夫は、1920 年代、スラッファによってその論理を完膚なきまでに論破された）。それにもかかわらず、マーシャルが経済の実態調査を通じて、製造業における収穫逓増の事実がはらむ問題に少なくとも気づいていたことは確かである。

Alfred Marshall, *Principles of Economics*, eighth edition, 1920.

40

> "The first principle of Economics is that every agent is actuated only by self-interest. The workings of this principles may be viewed under two aspects, according as the agent acts without, or with, the consent of others affected by his action. In wide sense, the first species of action may be called war; the second, contract."
>
> Francis Ysidro Edgeworth (1881)

　アイルランド出身の経済学者、フランシス・イシドロ・エッジワースの『数理心理学』の原書を初めて見たのは、若かりし頃、場所は清水幾太郎の研究室だった。清水氏の名著『倫理学ノート』（岩波書店、1972年）にも出てくる。風変わりな書名だなと思ったものだが、現時点で評価すれば、エッジワースのボックス・ダイアグラム、契約曲線、極限定理など、マーシャルよりも現代のミクロ経済学に直結する貢献をした偉大な経済学者と呼んでもよいだろう。

　「経済学の第一原理は、すべての主体を動機づけるのは利己心のみだということだ。この原理がどのように作用するかは、二つの局面

KEYWORD

数理心理学 / 利己心
戦争 / 契約

のもとで考察できるだろう。すなわち、その主体の行動が、彼の行動によって影響を受ける他者の同意がないのか、それとも同意があるのかに応じて、ということだ。広い意味では、最初の種類の行動は戦争、そして、第二のそれは契約と呼ばれよう。」

　この言葉の意味は深い。『数理心理学』を読み終えたあとでなければ、その真の意味は理解できないかもしれない。清水氏はとてつもない本を見せてくれたことになる。

Francis Ysidro Edgeworth, *Mathematical Psychics: An Essay on the Application of Mathematics to the Moral Sciences*, 1881,pp.16-17.

41

> "Conspicuous consumption of valuable goods is a means of reputability to the gentleman of leisure."
>
> Thorstein Veblen (1899)

　ソースタイン・ヴェブレンを単に「経済学者」と呼ぶのは誤解を招きやすいかもしれない。私が彼の名前を初めて知ったのは、ガルブレイスの『不確実性の時代』都留重人監訳（TBS ブリタニカ、1978 年）を読んだときである。ヴェブレンこそアメリカ制度学派の創設者であり、ガルブレイスは自らも彼の系譜に連なっていることを誇りにしていたのだ。

「価値のある財の顕示的消費は、有閑紳士が名声を獲得するための手段である。」

　「有閑階級」が豪奢な消費に耽って自らの富を見せびらかし、経済的にも社会的にも恵まれない他の人々との差異化を図るという考え方は、それほど新奇なものとは思えないかもしれないが、現代経済学の教科書で最初に習う「合理的経済人」（限られた予算内

で財の消費から得られる効用を最大化する）とはずいぶん違う人間だ。ヴェブレンは、このような「顕示的消費」の例を未開社会にまで辿って語り出すのだから、ふつうの経済学者ではない。真の意味で「異端」の人である。

Thorstein Veblen, *The Theory of the Leisure Class: A Economic Study in the Evolution of Institutions*,1899.

ケインズと
シュンペーターの
時代

42

"*Natura non facit saltum* — Marshall prefaced his" work with this sentence and it really captures its character very well. But I do want to contradict him: The Development of human culture, and here especially that of knowledge, happens in spurts. Colossal rushers alternate with periods of stagnation, effucive hope alternates with bitter disappointments, and even if the new is based on the old, development is not steady one. Our science can tell stories about that.

Joseph Alois Schumpeter (1908)

　シュンペーターの一作目『理論経済学の本質と主要内容』（ドイツ語原典版、1908 年）は、比較的最近、英語でも読めるようになった。生前の彼は、その本の英語版を出すのには積極的ではなかったが（すでに役割を終えているから、というのがその理由であった）、日本では彼の人気が抜群に高かったので、1936 年にはすでに翻訳されていた（木村健康・安井琢磨訳、日本評論社）。いまでは岩波文庫に入っているので、彼のファンならもっていても不思

議ではない。

　私は以前から、一作目のなかにケンブリッジ学派の創設者、アルフレッド・マーシャルへの対抗心が明確に打ち出されていることに注目してきたので、英語圏の読者にもそれが伝わるようになったことを喜んでいる。

「自然は飛躍せず——マーシャルはその著作の序文にこの名言を記したが、それは実際にその著作の性格を見事にとらえている。しかし、私は敢えて彼に異議を申し立てたい。すなわち、人間の文化の発展（ここでは、とくに知識の発展だが）は、噴出するように生じるのだと。桁外れの跳躍と停滞の時期、溢れるような希望と苦い幻滅が交互に現れ、たとえ新しいものが古いものに基づいていたとしても、発展は決して一様なものではない。私たちの学問が、そのことについては多くを語っているのだ。」

Joseph Alois Schumpeter, *The Nature and Essence of Economic Theory*, translated by Bruce A. McDaniel, Routledge, 2017, p.6.

43

> " One of my goals is to familiarize the German " audience with a few things — terminology, axioms, and viewpoints. In Germany, the development of the theory has not been followed very closely; the German economist only knows vaguely what the "pure" theorist actually does. We want to teach the German scientists the theories of other countries.
>
> Joseph Alois Schumpeter (1908)

　シュンペーターの一作目『理論経済学の本質と主要内容』は、今日から見ると、特殊な目的をもって執筆されている。出版当時のドイツでは歴史学派の支配が強かったので、マーシャルやワルラスの均衡理論に習熟した経済学者はごく少数だった。シュンペーターが初期に入れ込んだのはワルラスの一般均衡理論（本書では「純粋経済学」という言葉がよく使われている）だが、ドイツの経済学界に数学を多用するような習慣はなかったので、シュンペーターはそのような事情を考慮しながら、ほとんど数学を用いずに純粋経済学の意義を説くという難しい仕事を手掛けたのである。

「私の目的の一つは、ドイツの読者に二、三の事柄——専門用語、公理、そして思考法——に親しんでもらうことである。ドイツでは、これまで理論の発展があまり厳密にフォローされてこなかったので、ドイツの経済学者は、「純粋」理論家が実際に何をやっているのかを漠然としか知っていない。私たちは、ドイツの科学者たちに、他の諸国のいろいろな理論を学ばせたいのである。」

　シュンペーターが本書で言っていることの大部分は、理論経済学の地位が確固たるものとなった現代では陳腐に見えるかもしれないが、古典的名著は、それが書かれた時代背景も知っておく必要がある。

Joseph Alois Schumpeter, *The Nature and Essence of Economic Theory*, translated by Bruce A. McDaniel, Routledge, 2017, Preface.

44

"My presentation is based on the fundamental differentiation between "statics" and "dynamics" of the economy, a point that cannot be stressed enough. The methods of pure economics today are just good enough for the former and the most important results apply to them. "Dynamics" is totally different from "statics" in their methods and in content."

Joseph Alois Schumpeter (1908)

シュンペーターの用語法は時期によって違っているので注意が必要である。上に出てくる「静学」と「動学」の区別は、のちの『経済発展の理論』（初版は 1912 年）における「静態」と「動態」の区別に継承されていく（詳しくは、拙著『英語原典で読むシュンペーター』白水社、2021 年を参照のこと）。

「私の叙述の基礎は、経済の「静学」と「動学」のあいだの根本的な区別にある。この点はどれほど強調しても十分ということはない。純粋経済学の方法は、今日、ただ前者についてのみ申し分のないも

のであり、その最も重要な結果もそれについて適用される。「動学」
は、その方法においても内容においても、「静学」とは全く異なっ
ている。」

「静学」は、シュンペーターによれば、ワルラスの一般均衡理論
によって飛躍的に進歩した。しかし、それでも、「発展」の問題は
「静学」では取り扱うことはできず、次に「動学」へと進まなけれ
ばならないということである。そして、その課題に応えたのが、み
ずからの『経済発展の理論』であると自負していたのだ。

Joseph Alois Schumpeter, *The Nature and Essence of Economic Theory*, translated by Bruce A.
McDaniel, Routledge, 2017, Preface.

45

Only the development and the movement
fully and completely show this so important
phenomenon, from which the capital formation
for the most part explains itself, in my opinion.

Joseph Alois Schumpeter (1908)

シュンペーターの一作目『理論経済学の本質と主要内容』は、ま
だ「発展」の問題を「静態」と「動態」の二元論的構造によって考
察するという理論を完全な形では提示してはいない。だが、そのヒ
ントは数カ所にある。とくに注目すべきは、企業家利潤と資本利子
が「発展」において現れるという示唆である（いまだ「新結合」や
「イノベーション」の明確な定義はない）。本書は、いまでは、『経
済発展の理論』と比較すると読まれることの少ない古典だが、案外、
いろいろな発見があるものだ。

「発展とその動きのみが、この企業家利潤というきわめて重要な現
象を全く完全に提示するのであり、私の見解では、そこから資本形
成の大部分は説明されるのである。」

上の英文の this は entrepreneurial profit（企業家利潤）を指している。シュンペーターの頭脳には、一作目を出したとき、すでに『経済発展の理論』の構想が出来上がっていたのだろう。もちろん、後者が完成されるまでには、まだ多くの概念を明確に適所に配置しなければならないが、シュンペーターがワルラスの一般均衡理論、別の言葉では純粋経済学の偉大な成果には終生敬意を払いながらも、それだけでは発展問題を解明することはできないと言い続けた理由はここにある。

Joseph Alois Schumpeter, *The Nature and Essence of Economic Theory*, translated by Bruce A. McDaniel, Routledge, 2017, p.319.

46

> " By "development," therefore, we shall understand only such change in economic life as are not forced upon it from without but arise by its own initiative, from within. "
>
> Joseph Alois Schumpeter (1926)

『経済発展の理論』ドイツ語原典は、初版が 1912 年、第 2 版が 1926 年に出ているが、ここでは、R・オピーの英訳が底本にしている第 2 版を用いる（もっと詳しい事情については、拙著『英語原典で読むシュンペーター』白水社、2021 年を参照）。

　シュンペーターがマーシャル『経済学原理』（初版は 1890 年）のモットー「自然は飛躍せず」に反対したことは前に触れたが、では、シュンペーター自身の「発展」とはどんなものなのか。

「それゆえ、「発展」という言葉によって私たちが理解するのは、外部から押しつけられた経済生活の変化ではなく、経済生活の内部からそれ自身のイニシアチブによって生じるような変化のみなのである。」

発展 / イノベーション
自発的かつ非連続的な変化

　シュンペーターの「発展」とは、経済体系の外部の、例えば与件の変化から引き起こされるものではなく、その内部から自発的かつ非連続的に生じるようなものである。それは端的にいえば、企業家によるイノベーションの遂行のことだ。シュンペーターの名前はイノベーションとセットで記憶されているので、読者もことさら驚かないだろうが、さらに付け加えると、人口の変化や貯蓄の変化のようなものもきわめて緩慢にしか生じないので、「自発的かつ非連続的な変化」からは排除されていることに留意してほしい。

Joseph Alois Schumpeter, *The Theory of Economic Development*, translated by Redvers Opie, Harvard University Press, 1949, p.63.

47

> "The carrying out of new combinations we call "enterprise", the individuals whose function it is to carry them out we call "entrepreneur".
>
> Joseph Alois Schumpeter (1926)

　シュンペーターは、イノベーションのことを、『経済発展の理論』では「新結合」と呼んでいた。いまでは、イノベーションのほうが一般的に使われているので、私もそれに従っているが、新結合は「旧結合」と対比され、従来とは違った生産諸力の結合なのだという意味が込められていることだけ注意しておきたい。

　ところで、上の英文にあるように、シュンペーターは、「企業」と「企業家」という言葉をかなり限定した意味で使っている。

「新結合の遂行を「企業」と呼び、新結合を遂行することがその役割であるような個人を「企業家」と呼ぶ。」

　つまり、シュンペーターのこの定義に従うと、厳密には、新結合を遂行する者しか「企業家」とは呼べないことになる。なぜ彼はこのように厳しい定義を下したのか。それは、「企業家」の役割が、

アングロ・サクソン圏の経済学の文献のなかで、「資本家」のそれと混同して語られている現状に不満があったからなのである。彼は、例えば、マーシャルの企業家についての見方が、企業家機能の本質（イノベーションの遂行）を曖昧にしていると批判している。シュンペーターにとっての「資本家」とは、イノベーションを遂行しようとする企業家に資金を融通する「銀行家」のことなので、両者は明確に区別されなければならなかったのである。

　企業家論の歴史をみると、ヨーロッパ大陸たとえばフランスにいくつかの先駆的な仕事が残されているが（カンティヨンやセイなど）、それでも、イノベーションの遂行ただ一点に企業家機能の本質を見出したシュンペーターの業績は屹立している。

Joseph Alois Schumpeter, *The Theory of Economic Development*, translated by Redvers Opie, Harvard University Press,1949, p.74.

48

> " Capital is nothing but the lever by which the "
> entrepreneur subjects to his control the concrete
> goods which he needs, nothing but a means of
> diverting the factors of production to new uses,
> or of dictating a new direction to production.
>
> Joseph Alois Schumpeter (1926)

　前に、シュンペーターの「企業家」はイノベーションを遂行する者であり、それを資金面で手助けするのが資本家としての「銀行家」であると述べた。銀行家による信用創造がイノベーションを賄うと考えたシュンペーターに特有の考え方だが、マルクス経済学では、ふつう生産手段を私有している者を「資本家」と呼ぶので、頭が混乱しないように定義の違いをしっかり押さえておいてほしい。

「資本とは梃子にほかならず、それによって企業家は彼が必要とする具体的な財を自分の支配下に置くのである。資本とはまた生産要素を新しい用途に転じるための手段にほかならず、あるいは生産に新しい方向を指令するための手段にほかならない。」

　シュンペーターの発展理論では、企業家の役割と銀行家の役割が峻別されているので、もし企業家がイノベーションに失敗したならば、その危険を負担するのは資金を提供した銀行家のみという一見常識に反した主張がなされている。逆にいえば、銀行家には企業家が持ち込むイノベーションの企てを精査する能力が要求されているとも言えるだろう。いずれにしても、シュンペーターの「発展」は、企業家と銀行家がタッグを組まなければ始まらないのである。

Joseph Alois Schumpeter, *The Theory of Economic Development*, translated by Redvers Opie, Harvard University Press, 1949, p.116.

49

The other day, I have been deeply impressed,
when visiting Kyoto by the artistic wonders of
the ancient palace of the Shoguns. It is pretty
clear, that the means which paid for this palace
and for all the splendid works of art which adorn
it, was raised by methods which any Marxist
would have to call "exploitation". If so, I can
personally only say, that I heartily approve of
so much of exploitation as was necessary to call
into existence that dream of beauty.

Joseph A. Schumpeter (1931)

　ヨゼフ・A・シュンペーターは、一度だけ来日し、各地で講演し
た（1931年）。二条城の印象について。

「先日、私は京都を訪れた折、将軍の昔の大邸宅の芸術的驚異に深
い感動を覚えた。全く明らかなことだが、この大邸宅やその美しさ
を引き立てている素晴らしい芸術作品すべての費用を支払った財力
は、どんなマルクス主義者も「搾取」と呼ばねばならないような方

法によって蓄えられたということである。もしそうなら、私が個人的に言えるのは次のことだけである。私は、あの芸術の夢を生み出すために必要だっただけの搾取を心から承認する、と。」

Joseph A. Schumpeter, "The Present State of Economics, or On Systems, Schools and Methods,"『国民経済雑誌』, vol.50, no.5 (1931)

50

"Before 1904 nobody thought that the motor car" could ever be an article of mass consumption. Nobody knew there was the possibility of selling millions of cars every year. But one man, Mr.Ford, knew it. And he built a gigantic plant in order to produce a cheap motor car.

Joseph A. Schumpeter (1931)

　シュンペーターは、1931年の来日時、東京帝国大学、東京商科大学（現一橋大学）、神戸商業大学（現神戸大学）などで講演した。東大での講演「景気循環の理論」を聴いていた一人が、のちに日本の理論経済学の黎明期に活躍した安井琢磨である。安井は、「ワルラスから（研究を）始めなさい」というシュンペーターのアドバイスを忠実に守った。安井は、シュンペーターの一作目『理論経済学の本質と主要内容』の翻訳者の一人にもなった。

　「1904年以前、誰も自動車がいつか大衆消費の商品になりうるとは思わなかった。誰も、毎年、何百万もの自動車が販売される可能性があることに気づかなかった。しかし、一人の男、フォード氏は

それを知っていた。そして、廉価な自動車を生産するために、巨大な製造工場を建設した。」

　イノベーションの可能性に誰よりも先に気づいたヘンリー・フォードは、当初「独占利潤」に近いものを稼ぎ、世界で最も富裕な男になった。やがてそれを模倣しようとする者が大勢現れ、一大産業が出来上がったが、競争圧力によって利潤は消えていった、というような説明が続く。もちろん、シュンペーターの『経済発展の理論』の骨子の提示である。世界の大学者の講演を聴いた学生たちの興奮はいかばかりだったか。

Joseph A. Schumpeter, "The Theory of the Business Cycle,"『経済学論集』vol.4 (1931)

51

"The highest ambition an economist can
entertain who believes in the scientific character
of economics would be fulfilled as soon as
he succeeded in constructing a simple model
displaying all the essential features of the
economic process by means of a reasonably small
number of equations connecting a reasonably
small number of variables."

Joseph Alois Schumpeter (1946)

　シュンペーターは、初期から数理経済学の先駆者であるクルノー
やワルラスを尊敬し、経済学が一日も早く物理学並みの「科学性」
を獲得することを願っていたが、逆説的にも、『経済発展の理論』
を筆頭に彼の主要著作は容易に数理化のできないものがほとんど
であり、むしろそれに成功したのはケインズの『雇用・利子および
貨幣の一般理論』（1936 年）だというのが定説である。上の文章も、
シュンペーターというよりは、ケインズの仕事に対してより適切に
当てはまるように思われる。

「経済学の科学的性質を信じる経済学者が心に抱く最高の願望が成就するのは、次の瞬間だろう。すなわち、彼が、経済過程の本質的特徴をすべて表現する単純なモデルを、少数の適当な数の変数を関連づける、少数の適当な数の方程式によって構築することに成功したときだと。」

　シュンペーターの数理経済学への執着は、表現に迷うが、「片想い」であったと言えるかもしれない。

Joseph Alois Schumpeter, "The Decade of the Twenties," *American Economic Review* Supplement, May 1946.

52

❝ I express this by saying that an accession of new ❞
evidence increases the weight of an arugument.
New evidence will sometimes decrease the
probability of an arugument, but it will always
increase its 'weight'.

John Maynard Keynes (1921)

　20世紀最大の経済学者、ジョン・メイナード・ケインズの20代
は、確率論研究に捧げられたといっても過言ではない。ある命題h
からある命題aを導くことを「推論」a/hと呼び、確率をこの推論
における論理的関係P(a/h)と定義した。だが、この推論に「重み」
V(a/h)があるというのがさらにユニークである。

　**「私はこのことを次のように表現する。新しい証拠の獲得は、推論
の重みを増大させる、と。新しい証拠は、ときに推論の確率を減少
させるだろうが、つねにその「重み」を増大させるだろう。」**

　ケインズの意味で「確率」(「蓋然性」と訳す人もいる)は、必ず
しも一つの大きさをもつとは限らず、一定の大きさの順に配列す

ることさえできないかもしれないものだ。しかも新しい証拠を得
て、推論の「重み」が増しても、その「確率」が小さくなる可能性
さえある。だが、「重み」だけはつねに増えている。「重み」の増大
は確率の「信頼度」にかかわるので、たとえ確率が小さくなる場合
でも、その信頼度は高いということになる。「不確実性」とは、前
提となる命題に含まれる情報量が少なすぎて、「重み」がない状況
（例えば、投資決定の場合を考えてみるとよい）のことであり、必
ずしも確率が小さい場合と同じではない。これを押さえておかない
と、『一般理論』を真の意味では理解はできない。

John Maynard Keynes, *A Treatise on Probability*, 1921, p.78.

53

> " The phrase *laissez-faire* is not to be found in the "
> works of Adam Smith, of Ricardo, or of Malthus.
> Even the idea is not present in a dogmatic form
> in any of these authors.
>
> John Maynard Keynes (1931)

ケインズが 1926 年 7 月に出したパンフレット『自由放任の終焉』は、のちに『説得論集』（1931 年）に収録されたが、これはタイトルのみが有名になり過ぎて内容が精読されていない「古典」の一つになった。ケインズの思想や理論に習熟していない者は、そのタイトルに幻惑されて、ケインズが経済学史上はじめて自由放任主義を否定した経済学者なのだと誤解しがちだからである。ところが、ケインズは、そのパンフレットのなかでそんなことは一切述べていない。

「自由放任という言葉遣いは、アダム・スミス、リカード、あるいはマルサスの著作のなかでお目にかかることはない。自由放任の思想でさえ、これらの著作家たちの書き物のどこにも、教条的な形では提示されていない。」

自由放任の終焉

　ケインズの師匠は、ケンブリッジ学派の創設者アルフレッド・マーシャルだが、マーシャルでさえ私的利益と社会的利益の不調和について語っており、決して自由放任主義者ではなかった。ケインズは、『自由放任の終焉』のなかに、そのことを正確に記している。マーシャルの講座を受け継いだケインズの先輩に当たるアーサー・C・ピグーも、市場経済における環境破壊の問題を論じており、自由放任主義を明確に否定している。つまり、ケンブリッジ学派は、創設された当初から、自由放任主義とは無縁なのだ。それにもかかわらず、ひとりケインズのみが自由放任主義を否定したと通俗的に理解されているのは、学史上のパラドックスである。

John Maynard Keynes, *Essays in Persuasion*, 1931.

54

> " Many of the greatest economic evils of our time "
> are the fruits of risk, uncertainty, and ignorance.
> It is because particular individuals, fortunate
> in situation or in abilities, are able to take
> advantage of uncertainty and ignorance, and also
> because for the same reason big business is often
> a lottery, that the great inequalities of wealth
> come about; and these same factors are also the
> cause of the unemployment of labour, or the
> disappointment of reasonable expectations, and
> of the impairment of efficiency and production.
>
> John Maynard Keynes (1931)

　これも『自由放任の終焉』から、ケインズの思想がよく表れている文章を一つ。

「現代における最大の経済悪の多くは、リスク、不確実性、そして無知が生み出したものである。それは、特定の個人が、境遇や能力に恵まれているために、不確実性と無知を利用することができるか

らである。また同じ理由で、ビッグ・ビジネスがしばしば宝くじの
ようになっているために、富の大きな不平等が生じているからであ
る。これらの同じ要因がまた、労働者の失業、あるいは理にかなっ
た期待の幻滅、そして効率性と生産の悪化の原因なのである。」

　ケインズは、もちろん、これらの経済悪を除去することは個人の
努力の範囲を超えていると考えている。それゆえ、これを国家のな
すべきこと（すなわち、Agenda「アジェンダ」）のなかに入れよう
と呼びかけている。ある意味で、それを具体的に論ずるのが、経済
学者としてのケインズの仕事であったと言ってもよいだろう。

John Maynard Keynes, *Essays in Persuasion*, 1931.

55

> " For my part I think that capitalism, wisely managed, can probably be made more efficient for attaining economic ends than any alternative system yet in sight, but that in itself it is in many ways extremely objectionable. Our problem is to work out a social organisation which shall be as efficient as possible without offending our notions of a satisfactory way of life. "

John Maynard Keynes (1931)

　もう一つ『自由放任の終焉』から。資本主義を賢明に管理するというスタンスは、のちの『雇用・利子および貨幣の一般理論』（1936 年）にまでつながるものだが、さらに言えば、第二次世界大戦後、一時代を画した「新古典派総合」（新古典派とケインズの、いわば「平和共存」）を説いたポール・A・サムエルソンにも通じるだろう。

「私としては、資本主義は、もし賢明に管理されるならば、これま

でに見られたどの代替的な経済体制よりも、おそらく経済的な目標を達成する上でより効率的になりうるだろうと思う。しかし、資本主義それ自体は、多くの点で極端に嫌悪すべきものがある。私たちの問題は、可能な限り効率的な社会組織を創り出し、それが満足のいく生活様式についての私たちの考えと衝突することがないようにすることである。」

　ケインズがここで触れている、資本主義自体がもっている「嫌悪すべきもの」というのは、一つではないだろう。『一般理論』において「利子生活者」（資産家階級のこと）の「貨幣愛」が槍玉にあがったが、彼は現にあるイギリス資本主義に遺っている封建主義の名残（例えば、貴族の世襲制度や遺産相続など）にはきわめて批判的であった。ケインズの「ラディカル」な側面である。

John Maynard Keynes, *Essays in Persuasion*, 1931.

56

But, chiefly, do not let us overestimate the
importance of the economic problem, or
sacrifice to its supposed necessities other matters
of greater and more permanent significance.
It should be a matter for specialists — like
dentistry. If economists could manage to get
themselves thought of as humble, competent
people, on a level with dentists, that would be
splendid.

John Maynard Keynes (1931)

ケインズがマドリードでおこなった講演「わが孫たちのための
経済的可能性」（1930 年 6 月）も、『説得論集』に収録されている。
世界的大恐慌の最中、ケインズの遠い将来への展望は、意外にもそ
れほど暗いものではなかった（もちろん、人口爆発や戦争勃発など
の要因がなければという条件は付いているが）。

「しかし、何よりも経済問題の重要性を過大評価したり、あるいは
その想定上の必要性のために、もっと重要でかつもっと永続的な意

義のある問題を犠牲にしたりすることがないようにしよう。それは専門家にとっての問題であるべきだ——例えば歯学のように。もし経済学者が歯科医と同じ程度に謙虚で有能な人たちだと思われることになんとか成功するなら、それは素晴らしいことだろう。」

　ケインズは初期に G・E・ムーアから学んだ哲学に晩年に至るまで忠実だったと思う。失業は醜いがゆえに早晩なくしてしまうべきである。その上で、人生にとってもっと価値のある「美的対象の享受」や「人間的交わりの喜び」を追求すべきであると。

John Maynard Keynes, *Essays in Persuasion*, 1931.

57

" He must be mathematician, historian, "
statesman, philosopher — in some degree. He
must understand symbols and speak in words.
He must contemplate the particular in terms of
the general, and touch abstract and concrete in
the same flight of thought. He must study the
present in the light of the past for the purposes
of the future. No part of man's nature or his
institutions must lie entirely outside his regard.
He must be purposeful and disinterested in a
simultaneous mood; as aloof and incorruptible
as an artist, yet sometimes as near the earth as a
politician.

John Maynard Keynes (1933)

　ケインズが師匠であったアルフレッド・マーシャルを追悼した
論文（『エコノミック・ジャーナル』誌、1924 年 9 月）から、経済
学者の要件について述べた有名な一節。のちに『人物評伝』（1933
年）に収録された。多くの解説は要らないだろう。

「彼はある程度まで数学者、歴史家、政治家、哲学者でなければならない。彼は記号を理解し、言葉で伝えなければならない。彼は特殊を一般的見地から熟考し、抽象と具体に同じ思考の流れのなかで触れなければならない。彼は未来の目的のために、過去に照らして現在を研究しなければならない。人間の性質や制度のどの部分も、決して彼の関心の外にあってはならない。彼はその心構えにおいて目的意識に富むと同時に公平無私でなければならない。そして、芸術家のように超然として清廉潔白であり、その上、ときには政治家のように俗事に接近していなければならない。」

　この言葉は、マーシャルというよりも、ケインズその人により適切に当てはまっているように思えるのは私だけだろうか。

John Maynard Keynes, *Essays in Biography*, 1933.

58

""A hundred years were to pass before there
would be anyone to read with even a shadow
of sympathy and understanding his powerful
and unanswerable attack on the great Ricardo.
So Malthus's name has been immortalised by
his *Principles of Population*, and the brilliant
intuitions of his more far-reaching *Principles of
Effective Demand* have been forgotten.""

John Maynard Keynes (1933)

　ケインズのマルサス論は、早くも 1922 年には準備されていたが
（実際に朗読されもしていた）、ここではのちに収録された『人物評
伝』のテキストを使っている。

　ケインズが、古典派時代の「セイの販路法則」をめぐるリカード
＝マルサス論争においてマルサス説を再評価したことはすでに有名
だが、かいつまんでいえば、彼は有効需要が不足する可能性を認識
したマルサスの直観を褒め上げ、逆にセイの販路法則を「公理」の
ように想定しただけのリカードには辛い点を付けたのだった。ケイ
ンズは、マルサスを「ケンブリッジ経済学の始祖」と呼ぶほど高く

買っていたが、当時も今も、彼は逆にリカード経済学を過小評価したのではないかという反論も多い。

「100年経過してようやく、わずかなりとも共感と理解をともに示しながら、あの偉大なリカードに対するマルサスの強力かつ決定的な攻撃を読む人が出てくることになったわけだ。それゆえ、マルサスの名前は、彼の「人口の原理」によって不滅となり、もっと重要な「有効需要の原理」についての彼の見事な直観は忘れ去られてしまった。」

それにもかかわらず、マルサスを『人口論』（初版は1798年）だけで評価するのは不当であり、「有効需要の原理」と類似のアイデアを含む『経済学原理』（1820年）にも注目すべきだというケインズの主張は、学説史家の目でみても、決して的外れではないと思う。

John Maynard Keynes, *Essays in Biography*, 1933.

59

" The traditional analysis has been aware that "
saving depends on income but it has overlooked
the fact that income depends on investment, in
such fashion that, when investment changes,
income must necessarily change in just that
degree which is necessary to make the change in
saving equal to the change in investment.

John Maynard Keynes (1936)

　ケインズ革命が「革命」たるゆえんの一つは、ケインズが古典派以来の貯蓄が投資を賄うという関係を逆転させ、投資がそれに等しいだけの貯蓄を生み出すところに所得を決定するという乗数理論を確立したことである。シュンペーターなどは、ケインズが古典派以来の貯蓄神聖観を粉砕したと書いたことがある。

　「伝統的な分析も、貯蓄が所得に依存していることは気づいていたが、所得が投資に依存する事実は見逃してきた。どうしてそうなるかといえば、投資が変化したとき、所得が、投資の変化に等しいだけの貯蓄の変化を生み出すのにちょうど必要なだけ必然的に変化し

なければならないからである。」

　Y=C+I という式（Y は所得、C は消費、I は投資）に、最も単純な消費関数 C=cY（c は消費性向、0<c<1）と、ひとまず一定と仮定された I を代入して整理すると、Y=(1/1-c)I となるが、1-c は貯蓄性向 s なので、Y=(1/s)I と書き換えることもできる。もし I が 100兆円で、s が 0.1 ならば、Y は 1000 兆円となる。その一割が貯蓄されるので、全体としての貯蓄は 100 兆円になる。すなわち、I がそれに等しい S を生み出すところに所得を決定しているのである。

　これはケインズ経済学の ABC と言ってもよいが、初学者に意外に正確に理解されていないので、『一般理論』をしっかり読んでほしい。

John Maynard Keynes, *The General Theory of Employment, Interest and Money*, 1936.

60

" The authoritarian state systems of today seems "
to solve the problem of unemployment at the
expense of efficiency and freedom. It is certain
that the world will not much longer tolerate the
unemployment which, apart from brief intervals
of excitement, is associated — and, in my
opinion, inevitably associated — with present-
day capitalistic individualism. But it may be
possible by a right analysis of the problem to
cure the disease whilst preserving efficiency and
freedom.

John Maynard Keynes (1936)

　これも有名な文章なので、多くの解説は要るまい。ケインズは確
かに自由放任主義は否定したが、大量失業の解決策は、効率と自由
を保持したまま（個々の家計や企業の意思決定には干渉しないとい
う意味）、政府がマクロの総需要（封鎖経済では、消費需要プラス
投資需要）を管理することだったのである。

「今日の権威主義的な国家体制は、失業問題を効率と自由を犠牲にして解決しようとしているように思える。確かに、世界は遠からず失業に耐えられなくなるだろう。というのは、失業が、短い好況の時期を除けば、現代の資本主義的個人主義と結びついているからである——私の見解では、その結びつきは不可避的である。しかし、その問題の正しい分析によって、効率と自由を保持しながら病気を治癒することが可能となるだろう。」

John Maynard Keynes, *The General Theory of Employment, Interest and Money*, 1936.

61

" Out of the welter of industrial dislocation
the great permanent riches of the future are
generated. "

Dennis H. Robertson (1915)

　デニス・H・ロバートソンは、ケインズの初期の教え子の一人で、二人は途中まで親密な関係にあった。ケインズ革命を境に二人の学問的交流は途絶えていったが、ロバートソンが有能な経済学者で、かつ文学的才能にもひときわ恵まれていたことは間違いない。『産業変動の研究』も、彼の20代の傑作である。

「産業的混乱のうねりのなかから、将来の偉大かつ永続的な富が生み出されるのである。」

　ロバートソンの『産業変動の研究』は、産業変動の原因を実物的要因（イノベーションや収穫の変動など）に求めていたので、現代のリアル・ビジネス・サイクル（実物的景気循環）の理論家のなかには自分たちのアイデアの先駆者だと思っている人がいるようである。確かに、産業変動をもたらす真の原因が実物的なものだという

のは同じだが、ロバートソンは、のちにその貨幣的波及を追究した名著『銀行政策と価格水準』（1926年）を著した。それ以後、今度は、貨幣論の専門家として知られるようになったが、両方を読んだ者でなければ真の像は掴めない。

Dennis H. Robertson, *A Study of Industrial Fluctuation*, 1915, p.254.

62

> " Thus by giving the order to produce, the
> merchant indirectly creates in this new accession
> of purchasing power an effective demand
> for things equal in value to those produced.
> Production feeds demand, and demand
> stimulates production. "
>
> Ralph G. Hawtrey (1919)

　ラルフ・G・ホートレーは、「ケインズ革命の相対化」という最近の学界の流れのなかで著しく復権を遂げた。一貫して大蔵省で金融問題の専門家として仕事し、いわゆる「大蔵省見解」でケインズと対立したので、長い間、その業績が過小評価された嫌いがある。だが、ここ数十年、ホートレーが信用貨幣論でポスト・ケインズ派の先駆的な仕事をしていたことが見直されるようになっている。

　「かくして、生産の注文を出すことによって、商人は間接的に、この新しい購買力の増加によって、生産された物の価値と等しい有効需要を生み出すのである。生産は需要を培い、需要は生産を刺激するのである。」

　ホートレーは、銀行信用の増減が「商人」の保有在庫の変動を通じて経済活動を拡大または縮小させると考えたが、銀行信用に注目した貨幣供給論はポスト・ケインズ派の内生的貨幣供給論の先駆的アイデアである。だが、ホートレーがケインズ革命のすべてを「予見」したわけではないので、過大評価は禁物である。

Ralph G. Hawtrey, *Currency and Credit*, 1919, p.376.

63

　フランク・H・ナイトは、保険のかけられる「リスク」とかけら
れない「不確実性」を区別したシカゴ大学の経済学者（フリードマ
ンやスティグラーなどは、みな彼から経済理論を学んだ）として知
られているが、彼の著書『危険・不確実性・利潤』（1921年）が読
まれることはほとんどなくなった。彼のいう「不確実性」は、ケイ
ンズの意味での「不確実性」とほとんど同じなので、アメリカでケ
インジアンが嫌いな人はナイトの意味での「不確実性」という言い
方を好むらしい。

　ナイトは、不確実性に直面した企業家の対処能力の差異が「利
潤」を生み出す源だと考えた。優れた経済理論家だった一方で、
「競争の倫理」と題する論文に示されているように、フリードマン
流の「シカゴ学派」とは違う、「適度に」懐疑主義的な社会思想家

でもあった。

　「前の章で計測できる不確実性と計測できない不確実性を区別した
が、その区別を維持するために、前者を指すために「危険」という
用語を、後者のために「不確実性」という用語を使おう。」

Frank H. Knight, *Risk, Uncertainty and Profit*, 1921, p.233.

64

The complicated analyses which economists
endeavour to carry through are not mere
gymnastic. They are instruments for the
bettering of human life.

Arthur Cecil Pigou (1928)

　アーサー・セシル・ピグーは、1908 年、マーシャルの講座を継いで、ケンブリッジ大学経済学教授に就任した。30 歳そこそこの「若造」が教授に指名されたことに憤慨し、経済学の講師陣のなかにはケンブリッジを去った人もいたが、マーシャルの期待に違わず、ピグーはのちに『厚生経済学』（初版は 1920 年）という名著を著し、経済学の歴史に名前を刻むことになった。

「経済学者が遂行しようと努力している複雑な分析は、単なる知的訓練ではない。それは、人間の生活を改善するための道具なのだ。」

　マーシャルとピグーでは、細部をみれば、経済分析の方法に違いもあるが、どちらも経済学を「果実をもたらす」学問とみなしていた点では共通している。このような実践性の重視は、ケンブリッジ

学派の特徴といってもよい。

　ピグーも、いまでは、「環境税」とか「ピグー税」と呼ばれるような、外部不経済に対する是正策の提唱者として知られているが、もちろん、それを提唱したのが彼の『厚生経済学』である。環境経済学のパイオニアと言ってもよい。

Arthur Cecil Pigou, *The Economics of Welfare*, preface to the third edition, 1928.

65

Economics is the science which studies human
behavior as a relationship between ends and
scare means which have alternative uses."

Lionel Robbins (1935)

　あまりにも有名な経済学の稀少性定義。ライオネル・ロビンズは、
社会主義運動から足を洗ったあと、LSEで経済学を学び直し、の
ちにはLSEの大物教授へとなっていく。彼は、社会主義運動に身
を投じていた頃、その指導者たちが社会経済の根本的事実——平た
く言えば、欲望を満たすための手段は稀少であり、これをとればあ
れを諦めなければならないこと——を全く無視していることに失望
してしまった。その経験と、LSEで学んだヨーロッパ大陸の経済
学（初期にはとくにオーストリア学派のミーゼスに傾斜していた）
の研究の成果が、『経済学の本質と意義』（初版は1932年）である。

**「経済学は人間行動を研究する学問である。その際、人間行動を、
諸目的と代替的用途をもつ稀少な諸手段のあいだの関係として捉え
る。」**

この稀少性定義は、現代経済学のほとんどの教科書に採り入れられているが、意外にも、ケンブリッジでは不評であった。ケインズなどは、大不況の最中、生産手段は需要不足で遊休しており、どこに「希少な手段」があるのかと疑問を呈した。実は、若い頃のロビンズは、ケンブリッジ学派に異常なる対抗心を抱き、何度か彼らに論争を仕掛けた。上首尾ではなかったが、後には和解している。

Lionel Robbins, *An Essay on the Nature and Significance of Economic Science*, second edition, 1935, p.16.

66

> " The main reason why it is profitable to establish "
> a firm would seem to be that there is a cost of
> using the price mechanism.
>
> Ronald H. Coase (1937)

　経済学者も高齢化の時代になって長生きする人が増えたが、さすがに百歳以上生きたロナルド・H・コースは稀だろう。長年シカゴ大学教授をつとめたが、フリードマンのいた経済学部ではなく、ロースクールの教授だった。彼は生涯を通じて寡作だったが、若き日に発表した論文「企業の本質」（1937 年）は最も有名なものの一つである。

「なぜ企業を設立するのが有利なのか。その主な理由は、価格メカニズムを利用するにはコストがかかるということであるように思われる。」

「価格メカニズムを利用する」コストは、のちに「取引コスト」と呼ばれるようになった。コースの論文が現れるまで、経済学者は「企業」については語るが、それがなぜ存在するのかについて考察

した者はほとんど皆無だった。若き日のコースは、それは、「取引コスト」（模索と情報のコスト、交渉と意思決定のコスト、監視と強制のコストなど）がかかるからだ、という明快な答えを与えた。もし、市場で行われてきた取引を組織化し、企業を設立する場合のコストが、取引コストよりも少なければ、「市場」に代えて「企業」が選択されるだろう。そして、企業の規模の限界は、取引を組織化する場合のコストと、取引コストが等しくなるところで画される、というのである。コースに続く「新制度学派」の研究者たちを鼓舞した名論文である。

Ronald H. Coase, "The Nature of the Firm," *Economica, New Series*, vol.4, no.16 (November 1937) p.390.

67

" Professor Mises' contention that a socialist economy cannot solve the problem of rational allocation of its resources is based on a confusion concerning the nature of prices. "

Oskar Lange (1938)

　ロシア革命によって社会主義政権が誕生してまもなく、オーストリア学派の経済学者ミーゼスが、社会主義の下では生産手段の市場価格が存在しないので、合理的な経済計算はできなくなるという問題提起をおこなった。これが社会主義経済計算論争の口火を切ったわけだが、ポーランド出身の社会主義者で、なおかつワルラスの一般均衡理論に関心をもっていたオスカー・ランゲが次のように反論した。すなわち、「価格」は広義には「財の代替比率」と捉えられるので、資源の合理的配分の問題は、代替財の選択問題に他ならず、消費者の選好表や利用可能な資源の情報が所与ならば、代替比率は生産関数によって決定される、と。ランゲは、社会主義の下でも、このような一般化された意味での「価格」の機能を有効に活用できるというのである。

「社会主義経済はその資源の合理的配分の問題を解決することができないというミーゼス教授の主張は、価格の本質についての混乱に基づいている。」

　ランゲの主張は、社会主義者ばかりでなく、一般均衡理論に造詣の深いシュンペーターによっても支持された。彼の才能が最も輝いていた頃の作品である。

Oskar Lange, "On the Economic Theory of Socialism," in Oskar Lange and Fred M. Taylor, *On the Economic Theory of Socialism*, 1938, p.59.

68

Departure from the warranted line sets up
an inducement to depart farther from it. The
moving equilibrium is thus a highly unstable
one.

R.F.Harrod (1939)

　ロイ・F・ハロッドはケインズの愛弟子だが、ジョーン・ロビンソンやリチャード・カーンと違って、ケンブリッジではなくオックスフォードの出身である。だが、ケインズおよびケインズ家の信頼厚く、ケインズの死後、名著『ケインズ伝』（1951 年）を書いた。
　ケインズの『一般理論』は、「短期の想定」を置いていたので、その後のケインジアンは、ケインズ理論の長期化という問題に取り組んだが、ハロッドは、E・ドーマーとともに最も早くその成果を発表した一人である（マクロ経済学の教科書では、「ハロッド＝ドーマーモデル」としてよく紹介された）。

「保証線からの乖離は、そこからさらに乖離させようとする誘因を生じさせる。進歩の移動均衡は、このように高度に不安定なものである。」

KEYWORD

ケインズ理論の長期化 / ハロッド＝ドーマーモデル
現実成長率 / 保証成長率 / 不安定性原理 / 自然成長率

　ハロッドの研究成果は、まず、論文「動学理論に関する一試論」
（1939 年）となって現れることになるが、彼はそれをさらに発展さ
せて、のちに『動態経済学序説』（1948 年）と題する著書にまとめ
た。だが、基本的なアイデアは、ほとんどすべて 1939 年の論文の
なかに出ている。学界で最も有名かつ論争の的になったのは、「現
実成長率」と「保証成長率」の乖離から動学均衡がきわめて不安定
であることを提示した「不安定性原理」だが、人口成長率と技術進
歩率の和として示された「自然成長率」も長期の趨勢を考察すると
きには劣らず重要である。これほど優れたケインジアンがノーベル
経済学賞の栄冠に輝かなかったのは残念でならない。

R. F. Harrod, "An Essay in Dynamic Theory," *Economic Journal*, vol.49, no.193 (March 1939), p.23.

第Ⅳ章

現代経済学

69

> " It turns out, on investigation, that most of the problems of several variables, with which economic theory has to concern itself, are problems of the interrelation of markets. ...What we mainly need is a technique of studying the interrelation of markets. "
>
> John Richard Hicks (1946)

　ジョン・リチャード・ヒックスは、名著『価値と資本』（初版は1939 年）によって現代ミクロ経済学の基礎をつくった功労者である。LSE においてロビンズの示唆に基づいて、ヨーロッパ大陸の経済学、とくにワルラスやパレートの一般均衡理論を研究したが、それは当時イギリスの正統派であったマーシャルの部分均衡理論にはない思考法だった。

　彼は語学力とともに数学的能力にも恵まれていたので、関連の文献を渉猟し、『価値と資本』という一つの優れた体系書を書いた。もっとも、後年の彼は、『価値と資本』の分析手法から次第に離れていくが、その本が、ケインズの『一般理論』とともに、現代経済学（ミクロとマクロ）の古典であることに変わりはない。

「経済理論が取り扱わなければならない、いくつかの変数をもつ問題の大部分は、研究してみると、諸市場の相互連関の問題であることが判明する。……私たちが主に必要としているのは、諸市場の相互連関を研究する手法である。」

John Richard Hicks, *Value and Capital: An Inquiry into Some Fundamental Principles of Economic Theory*, second edition, 1946, p.2.

70

> "Yet it has to be recognized that a general abandonment of the assumption of perfect competition, a universal adoption of the assumption of monopoly, must have very destructive consequences for economic theory."
>
> John Richard Hicks (1946)

　ヒックスの『価値と資本』は、彼が基本的に「ワルラシアン」であった当時の著作なので、全体を通じて完全競争が仮定されている。もちろん、当時でも、完全競争以外の独占、寡占、不完全競争などのモデルも存在していたが、それでも、全体的に独占を仮定してしまえば、『価値と資本』とは全く違う世界になるだろう。なぜなら、価格が需要と供給の関係によって決まるという均衡理論の根底が崩れるからである。

　興味深いことに、後期ヒックスは、一般均衡理論から離れ、カレツキ的な価格決定二分法を採用するようになるのだが、その背景には、経済の歴史的変化によって現実が完全競争から遠い世界になった事実があったと思う。ヒックスが『経済史の理論』（1969年）という本を書いたときは、経済理論家に衝撃を与えたものであった。

「それでも認識しておかねばならないのは、完全競争の仮定を一般的に放棄し、独占の仮定を全面的に採用することは、経済理論にとってきわめて破壊的な帰結をもたらしたに違いないということである。」

John Richard Hicks, *Value and Capital: An Inquiry into Some Fundamental Principles of Economic Theory*, second edition, 1946, p.83.

71

The existence of analogies between central features of various theories implies the existence of a general theory which underlies the particular theories and unifies them with respect to those central features.

Paul A. Samuelson (1947)

　ポール・A・サムエルソンは、シカゴ大学の学部生のとき、すでに「神童」と呼ばれており、進学したハーヴァード大学の大学院でも指導教授のシュンペーターによって「天才」と評せられた。彼にまつわる逸話の多くは、都留重人その他が書いているので、ここでは触れない。博士論文『経済分析の基礎』（1947年）によって新古典派経済学の理論構造を高度な数学を駆使して明らかにし、全世界で読み継がれた教科書『経済学——入門的分析』（初版は1948年）によって新古典派とケインズ理論を統合した「新古典派総合」を普及させた功績を挙げれば十分だろう。

　「さまざまな理論の中心的な特徴のあいだに類似性が存在していることは、一つの一般理論が存在することを暗示している。なぜなら、

その一般理論が特定の理論の根底にあり、あの中心的な特徴に関して特定の理論を統合しているからである。」

　上の英文は、さまざまな理論のあいだの「形式上の類似性」を基礎づけようという宣言だが、それは一言でいえば「最適化原理」のことである。これが現代経済学の基礎であることを疑う人はいない。彼の数学的才能をもってすれば、この仕事はたやすかったというべきかもしれない。20世紀後半を代表する天才経済学者であった。

Paul A. Samuelson, *Foundations of Economic Analysis*,1947, p.3.

72

" Neither the entrepreneurs nor the farmers
nor the capitalists determine what has to
be produced. The consumers do that. If a
businessman does not strictly obey the orders
of the public as they are conveyed to him by
the structure of market prices, he suffers losses,
he goes bankrupt, and is thus removed from
his eminent position at the helm. Other men
who did better in satisfying the demand of the
consumers replace him. "

Ludwig von Mises (1949)

「企業家も農場主も資本家も、何が生産されるべきかを決められない。消費者こそがそれを決めることができるのである。もしビジネスマンが、市場価格の構造によって伝えられたような公衆の指令に厳密に従わないならば、損失をこうむり、破産し、かくして際立った支配的地位から放逐される。他の人間が、消費者の需要を満たすことにより巧みならば、彼にとって代わる。」

　ルートヴィヒ・フォン・ミーゼスは、社会主義経済計算論争で若き頃の俊英ランゲの標的にされたが、生涯を通して、反社会主義の立場を貫いた。資本主義においては、消費者の需要に応えられなくなれば誰もがその地位を失うという意味で、「消費者主権」が支配していると主張し、「生産者主権」を退けた。

Ludwig von Mises, *Human Action: A Treatise on Economics*, 1949, the scholar's edition, 1998, p.270.

73

"**What distinguishes the successful entrepreneur and promotor from other people is precisely the fact that he does not let himself be guided by what was and is, but arranges his affairs on the ground of his opinion about the future.**"

Ludwig von Mises (1949)

　企業家論の分野は、長いあいだ、シュンペーターの英雄的な企業家像に支配されていたので、それとは違うタイプの企業家像に関心が向かうことはほとんどなかった。ミーゼスの企業家像も事実上埋もれていたのだが、ハイエクと一緒に復活したオーストリア学派的思考法への関心から、ようやく光が当てられることになった。

「成功した企業家や起業家を他の人々から区別するのは、まさに、彼が過去や現在に左右されず、将来に関する自分の見解に基づいて事柄を解決するという事実にある。」

　ミーゼスの「企業家」は、イノベーションを遂行し、経済を動態の真っ只中に引きずり込む、シュンペーター型の格好良い企業家と

は必ずしも一致しない。ミーゼスは、「変化」する世界で行為する経済主体として企業家を捉えたが、彼は、不確実な未来に直面しながらもあえて「投機」し、そこから利益を引き出そうとする「プロモーター」なのである。

　オーストリア学派の伝統に根ざしたミーゼスは、長くニューヨーク大学で教鞭をとったが、彼の弟子たちはその地で「ネオ・オーストリア学派」を形成し、アメリカでは少数派ながら、特徴のある経済思想を築き上げていった。

Ludwig von Mises, *Human Action: A Treatise on Economics*, 1949, the scholar's edition, 1998, p.582.

74

> "We are, I believe, on the threshold of a new attempt at integration in the social sciences, perhaps even in general science."
>
> Kenneth E. Boulding (1950)

　社会学者の清水幾太郎の知遇を得ながら後悔していることがある。それは、清水氏が数冊翻訳も手がけているケネス・E・ボールディングについての話を聞かなかったことだ。だが、諸科学の総合を目指した彼の一般システム論は、やはり専門の社会学以外の各分野にも精通していた清水氏の関心をひくものがあったのだろう。

　第二次世界大戦後まもなく出版された『経済学の再建』には、まだ後年の一般システム論や「宇宙船地球号」などの話は出てこない。だが、すでにこの頃から、経済学という個別科学の限界を感じていたことが序文からうかがえる。

「私たちは、社会科学、おそらくは一般科学においてさえ、新たな統合を試みる入り口にいるのだ、と私は信じている。」

　私は、大学院生の頃までは、一生懸命、経済思想史の各分野での

研究を吸収することに専念していたので、世界を「物質圏」「生物圏」「社会圏」に分けて、その構成と進化を統一的に把握しようという後年のボールディングの「大風呂敷」についていけなかったのかもしれない。もっと勉強しておくべきだったか。

Kenneth E. Boulding, *A Reconstruction of Economics*, 1950, p.vii.

75

❝ Short-term price changes may be classified into ❞
two broad groups those determined mainly
by changes in cost of production and those
determined mainly by changes in demand.
Generally speaking, changes in the prices of
finished goods are 'cost-determined' while
changes in the prices of raw materials inclusive
of primary foodstuffs are 'demand-determined.'

Michal Kalecki (1954)

　ポーランド出身の経済学者、ミハウ・カレツキの業績は、一部の
ポスト・ケインジアンのあいだでは、ケインズ以上に高く評価され
ている。ケインズの「有効需要の原理」と類似のアイデアを『一般
理論』よりも数年前に提示していたばかりでなく、ケインズを超え
て、のちのポスト・ケインズ派の理論を先取りした仕事をいくつも
残しているからである。例えば、価格決定二分法がある。

「短期的な価格変化は、二つの広範なグループに分類することがで
きよう。すなわち、主に生産費の変化によって決定されるものと、

主に需要の変化によって決定されるものである。一般的にいえば、完成品の価格変化は「費用決定的」である一方、主要な食糧を含む原料の価格変化は「需要決定的」である。」

　このような思考法は、のちにカルドアや後期ヒックス、日本人では森嶋通夫にまで影響を与えたと言ってよい。偉大な経済学者である。

Michal Kalecki, *Theory of Economic Dynamics*, 1954, p.11.

76

"It is indeed paradoxical that, while the apologists
of capitalism usually consider the 'price
mechanism' to be the great advantage of the
capitalist system, price flexibility proves to be a
characteristic feature of the socialist economy.

Michal Kalecki (1954)

　現代経済学の教科書をひもとくと、「価格メカニズム」が資本主義の特徴であり、それを欠いた社会主義が効率面で資本主義に敗北したのは必然であるというような記述をよく見かける。ところが、資本主義は、すでに自由競争の時代ではなく、独占や寡占があちこちに見られるのがふつうであった。つまり、価格が需要と供給の関係で決まるのではなく、寡占企業が「フルコスト」的な価格決定（生産費に基づいた価格決定）をしているのが経済の大部分を占めていた。そこにはある程度の「価格粘着性」が見られるので、「価格伸縮性」を理由に資本主義の利点を説く人たちの主張は的外れだというわけだ。

　「実に逆説的なことだが、資本主義を擁護する人たちは、ふつう

「価格メカニズム」が資本主義体制の大きな強みであると見なしているけれども、価格伸縮性は社会主義経済の典型的な特徴であるということがわかるのだ。」

　本来は、社会主義経済こそ「価格伸縮性」の利点を活用しなければならないのだが、実際にそうなったかはまた別問題である。

Michal Kalecki, *Theory of Economic Dynamics*, 1954, p.63.

77

> "The purpose of studying economics is not to acquire a set of ready-made answers to economic questions, but to learn how to avoid being deceived by economists."
>
> Joan Robinson (1955)

　ケインズの愛弟子、ジョーン・ロビンソンのあまりにも有名な言葉。至るところで引用されるが、昔、都留重人・伊東光晴共訳『マルクス主義経済学の検討——マルクス・マーシャル・ケインズ』（紀伊國屋書店、1956 年）に原文とともに載っていたので、人口に膾炙したのだろう。私にとっては師匠とそのまた師匠の共訳なら文句のつけようがないはずだが、後段が「だまされないようにすること」と意訳されていたので、私はあえて原文に忠実な訳を掲げることにしている。

　「経済学を学ぶ目的は、経済問題に対する一連の受け売りの解答を得ることではなく、いかにして経済学者にだまされるのを回避するかを知ることである。」

　この言葉は、当時の主流派であった新古典派にも、それに異を唱えるジョーン・ロビンソンのような異端派にもよく使われるようになったが、文脈がまるで異なる。新古典派は、ろくに理論をマスターせず「エコノミスト」と称する評論家が経済学を知っているかのように語るのを嫌っていたし、逆に異端派は、経済問題に対する新古典派的思考法だけが正解のように信じている人々を苦々しく思ってきたというように。この言葉が出てきたら、どのような文脈で使われているか、確かめてほしい。

Joan Robinson, "Marx, Marshall, and Keynes," in *Contributions to Modern Economics*, 1978, p.75.

78

The General Theory broke through the
unnatural barrier and brought history and
theory together again. But for theorists the
descent into time has not been easy. After twenty
years, the awakened Princess is still dazed and
groggy.

Joan Robinson (1962)

ジョーン・ロビンソンは、アメリカのケインジアンによる標準的なケインズ解釈（45 度線や IS/LM 分析）に終始一貫して異を唱えた。例えば、IS/LM 分析では、ケインズ経済学が再び均衡分析の枠組みのなかに押し込められている、と。彼女がそう言ったのは、ケインズの『一般理論』の核心を、「歴史的時間」のなかにある経済の「不確実性」という視点を提供した点に求めていたからであった。

「『一般理論』は、不自然な障壁を突破し、歴史と理論を再び接合させた。しかし、理論家にとっては、時間のほうに降りてくることは、簡単ではなかった。20 年経過したのちでも、目を覚ました王

女は、いまだに当惑し、ぐらついている。」

　経済学者のなかには、ケインズ革命以後の彼女が、論敵に対して激しい非難の言葉を投げつけ、ますます左翼的になっていったことを嘆き、『不完全競争の経済学』（1933年）のように新古典派の枠組みのなかで優れた仕事をしていた頃を懐かしく思い出す人も少なくなったと聞く。だが、彼女は怯まず、死ぬまでケインズ革命の本質を理解しない人たちを「偽物」と呼び、「均衡から歴史へ」という方法論上の転換を叫び続けた。現在、彼女のあとをあえて追いかけようとする人は少なくなったので、若い研究者には、新古典派の仕事でノーベル経済学賞級の業績を成し遂げた宇沢弘文が彼女のシンパになった理由がよくわからないようである。カリスマ性のある女性であったことは間違いない。

Joan Robinson, *Economic Philosophy*, 1962, p.75.

79

“Keynes himself was not interested in the theory of relative prices. Gerald Shove used to say that Maynard had never spent the twenty minutes necessary to understand the theory of value. On these topics he was content to leave orthodoxy alone.”

Joan Robinson (1962)

　ケインズは、現代マクロ経済学の創設者である。しかし、45 度線や IS/LM 分析のように教科書だけでケインズ経済学を理解してしまうと、ケインズはミクロ経済学には全く関心がなかったかのように誤解される恐れがある。ケインズの愛弟子ならみなそう思っているかといえば、ところがなんと、ジョーン・ロビンソンまでが上の英文のように言っていた。

「ケインズ自身は、相対価格の理論には関心をもっていなかった。ジェラルド・ショーヴがかつて言ったことがある。メイナードは、価値論を理解するために必要な 20 分間でさえ決して費やさなかった、と。これらのトピックスに関しては、彼は正統派をそのままに

しておくことで満足していた。」

　確かに、ケインズの『一般理論』のなかに、新古典派すなわちマーシャルのミクロ経済学以上のものを求めても無駄だろう。だが、ショーヴがいうように、彼が20分間でさえ価値論の理解のために費やさなかったというのは言い過ぎである。なぜなら、例えば、『一般理論』の使用費用についての章が、ミクロの知識なしに理解できるとは思えないからだ。さらにケインズは、スラッファから『商品による商品の生産』の草稿を見せられたとき、「もし収穫一定の仮定が必要でないならば、それについての注意を喚起したほうがよい」という趣旨の適切なアドバイスさえしているのだ。

Joan Robinson, *Economic Philosophy*, 1962, p.76.

80

" The Orthodox economists have been much "
preoccupied with elegant elaborations of minor
problems, which distract the attention of their
pupils from the uncongenial realities of the
modern world, and the development of abstract
argument has run far ahead of any possibility of
empirical verification.

Joan Robinson (1965)

　ジョーン・ロビンソンは、ケインズの弟子たちのなかで初めてマルクス経済学と真剣に対峙した経済学者である。親交のあったカレツキやスラッファの影響はあっただろうが、彼女は、19世紀中頃に独占と失業を資本蓄積過程の必然的産物として取り扱っていたマルクスに関心を抱き、1938年頃から『資本論』を読み始めたという。

「正統派の経済学者たちは、些細な問題の優美な精緻化にずっと夢中になっていたが、そのせいで彼らの弟子たちは現代世界の心地よくない現実から関心を逸らしているし、抽象的な議論の発展は、経

験的検証の可能性のはるかに先を行ってしまった。」

　ケインズ革命後の彼女が急速に左傾化し、「左派ケインジアン」
を名乗るようになった遠因はこの辺にあるかもしれない。他方で、
革命前夜の彼女の理論家としての才能を高く評価する見解もあるこ
とを付け加えておきたい。

Joan Robinson, *An Essay on Marxian Economics*, second edition, 1965.

81

The second crisis is quite different. The first crisis arose from the breakdown of a theory which could not account for the level of employment. The second crisis arises from a theory that cannot account for the content of employment.

Joan Robinson (1972)

　ジョーン・ロビンソンは、ケインズ革命後、急速に左傾化し、みずから「左派ケインジアン」を名乗るようになった。マルクス主義にも造詣の深かったカレツキやスラッファなどの影響はあったかもしれないが、彼女がよく語った、自分の家系に流れる「造反の血」のなせるわざと考えれば意外に納得がいくかもしれない。中国の文化大革命を礼賛した姿も、その延長線上にある。

　「第二の危機は、全く異なっています。第一の危機は、雇用の水準を説明することができなかった理論の崩壊から生じました。第二の危機は、雇用の内容を説明することができない理論から生じているのです。」

　以上は、アメリカ経済学会での講演「経済理論の第二の危機」
（1971年12月）にある有名な言葉である。ときの会長がガルブレ
イスでなければ、アメリカではあまりに左翼的にみえる彼女が招聘
されることはなかっただろう。経済学の第一の危機は、当時の新古
典派が雇用「水準」の理論を説明できなかったがゆえに生じた。し
かし、その問題は、ケインズ革命が一応解決してくれた。ところが、
いまの第二の危機は、雇用の「内容」を説明できないがゆえに生じ
ているというのだ。雇用を軍産複合体の維持で守っても国民の真の
福祉は向上しない。いまこそ、雇用の「内容」を問うべきだという
熱いメッセージ。

Joan Robinson, "The Second Crisis of Economic Theory," *American Economic Review*,
vol.62, no.1/2 (March 1972), p.6.

82

The investigation is concerned exclusively with
such properties of an economic system as do not
depend on changes in the scale of production or
in the proportions of 'factors'. This standpoint,
which is that of the old classical economists from
Adam Smith to Ricardo, has been submerged
and forgotten since the advent of the 'marginal'
method.

Piero Sraffa (1960)

「本書の研究は、生産規模や「要素」の割合の変化には依存しない
ような、経済体系の性質にもっぱらかかわっている。このような立
場は、アダム・スミスからリカードに至る古い古典派経済学者の立
場であるが、「限界的」方法の到来以来、水中に沈められ、忘れら
れてしまった。」

　イタリア出身のピエロ・スラッファは、不思議な魅力にあふれた
経済学者である。ケインズが彼の初期の論文を高く評価し、ケンブ
リッジ大学への招聘に尽力したことは有名だ。彼のライフワークは、

『商品による商品の生産』（1960 年）だが、完璧主義者の彼は、この本の完成のために実に数十年の時間を費やした。限界革命以来の「限界的」方法を廃し、経済体系の投入・産出構造に規定されて価格が決まるという思考法は、まさに「古典派アプローチ」の再生であった。それは、いまだに学界の主流派ではないが、一部に熱狂的な支持者がいることもまた事実である。

Piero Sraffa, *Production of Commodities by Means of Commodities: Prelude to a Critique of Economic Theory*, 1960, Preface, p.v.

83

" The enemies of liberty have always based their "
arguments on the contention that order in
human affairs requires that some should give
orders and others obey. Much of the opposition
to a system of freedom under general laws arises
from the inability to conceive of an effective
co-ordination of human activities without
deliberate organization by a commanding
intelligence.

F.A.Hayek (1960)

　F・A・ハイエクは、ケインズ革命以降、経済理論の分野から次
第に離れ、ある段階から自由主義の社会思想家としての活動が増え
ていったが、『自由の条件』（1960 年）は、その代表作の一つであ
る。彼は、「秩序」が誰かが命令を発してその他がその支配に服し
て初めて成り立つという考えに反対し、それは人間の行為の意図せ
ざる結果として生じると主張した。のちに「自生的秩序」と呼ばれ
るようになるが、ハイエクによれば、そのような意味での自生的秩
序を否定する人たちが、「自由の敵」になるのだということだ。

「自由の敵たちがつねに議論の基礎に置いてきた主張は、人間の事柄において秩序が成り立つには、誰かが命令を出し、他の人はそれに従うことが必要だというものだった。一般的な法の下での自由の体系への反対の多くは、人間の活動を、命令を発する知性による意図的な組織なしには有効に調整することを考え出せないがゆえに生じるのである。」

F.A.Hayek, *The Constitution of Liberty*, 1960, p.159.

84

Fundamentally, there are only two ways of
co-ordinating the economic activities of millions.
One is central direction involving the use of
coercion the technique of the army and of the
modern totalitarian state. The other is voluntary
co-operation of individuals the technique of the
market place.

Milton Friedman (1962)

　ミルトン・フリードマンのファンは、市場経済のメリットを最大
限に評価し、社会主義経済計画や政府の規制などを片っ端から批判
したが、まだ『資本主義と自由』の初版が出版された 1962 年には
決して多数派ではなかった。だが、レーガン＝サッチャーの新自由
主義の時代を経て、ベルリンの壁の崩壊（1989 年）という 20 世紀
の大事件が発生する頃には、彼の思想は世の中の「常識」のように
なってしまった。

　「根本的に、二つの方法しか、数百万の人々の経済活動を調整でき
ない。一つは、強権の発動を伴う中央命令であり、軍隊や現代の全

体主義国家にみられる方法である。もう一つは、個人の自発的な協同であり、市場を通じる方法である。」

　経済学者としての訓練を受けた彼は、もちろん、市場の失敗、外部性などの事例を知らないわけではない。だが、彼は、それらをすべて考慮に入れても、最大限に市場を生かす方法を採用したほうが「経済的自由」とともに「政治的自由」も保障されることを力強く主張している。

Milton Friedman, *Capitalism and Freedom*, with the assistance of Rose D. Friedman, 1962, with a new preface by the author, 1982, Chap.1.

85

The only way that has yet been suggested that
offers promise is to try to achieve a government
of law instead of men by legislating rules for the
conduct of monetary policy that will have the
effect of enabling the public to exercise control
over monetary policy through its political
authorities, while at the same time it will
prevent monetary policy from being subject to
the day-by-day whim of political authorities.

Milton Friedman (1962)

　私たちが学部生の頃は、フリードマンの名前は、インフレ抑制の
ためのマネー・サプライのコントロール、いわゆる「マネタリズ
ム」の学説と結びついていた。これは、要するに、古くからある貨
幣数量説の現代版である。

「これまで示唆されたなかで唯一希望を与える方法は、金融政策の
運営についてのルールを法制化することによって、人間に代わって
法による行政を実現することである。それによって、国民は政治的

権威を通じて金融政策に対する支配力を行使することができるようになるだろう。他方、同時に、それは金融政策が政治的権威の日毎の気まぐれに左右されることを阻んでくれるだろう。」

　のちに、「k％ルール」と呼ばれる金融政策のルール化の提案である。

Milton Friedman, *Capitalism and Freedom*, with the assistance of Rose D. Friedman, 1962, with a new preface by the author, 1982, Chap.3.

86

The corporation is an instrument of the stockholders who own it. If the corporation makes a contribution, it prevents the individual stockholder from himself deciding how he should dispose of his funds.❞

Milton Friedman (1962)

　フリードマンは、いわゆる「企業の社会的責任」に対しては徹底して反対の立場をとった。古くは、マーシャルの「経済騎士道」の提唱のように、企業家に公共的目的を自覚させる人間性の変化を期待する主張があったが、20世紀も後半になると、時代は、明らかに営利企業もその行動に「社会的責任」を自覚すべきだという共通認識が出来つつあった。現在では、有名企業は、そのホームページに、いかに「社会的責任」を自覚しているかを詳細に書き込むのが普通になっている（例えば、地球環境への配慮や地域社会への貢献など）。しかし、フリードマンは、なぜそれに反対するのか。

「企業は、それを所有している株主の道具である。もし企業が寄付をおこなうようなことがあれば、それは、個々の株主自身から、自

分の資金をどのように使うべきかを決める自由を奪うことになるの
だ。」

　フリードマンによれば、企業は株主のために利潤最大化だけを考
えていればよく、何らかの団体に寄付行為を行う主体はあくまで個
人であるべきであるという。あまりに明快な主張ではあるが、時流
に逆らってまでそう主張するのは勇気の要ることだっただろう。筋
金入りの「自由主義者」である。

Milton Friedman, *Capitalism and Freedom*, with the assistance of Rose D. Friedman, 1962, with a new preface by the author, 1982, Chap.8.

87

"Much of the actual inequality derives from imperfections of the market. Many of these have themselves been created by government action or could be removed by government action. There is every reason to adjust the rules of the game so as to eliminate these sources of inequality.

Milton Friedman (1962)

現在、レーガン＝サッチャー政権誕生以降の新自由主義の世界的蔓延によって経済格差が拡大し、再び所得分配の是正や累進課税の強化などを求める声が次第に大きくなっている。しかし、フリードマンは、もともと新自由主義の流れを創り出した本のなかで、明確にそれらを否定している。

「現にある不平等の多くは、市場の不完全性に由来している。これらの多くは、それ自体、政府の活動によって生み出されたものか、政府の活動によって除去することができたものである。それゆえ、ゲームのルールを修正し、不平等の源泉を取り除くことがもっともなのだ。」

　フリードマンは、そのような不平等の源泉として、政府が特別に許可した独占、関税、特定の集団に利益を与える法的措置などを挙げているが、その背後には、「政府こそまさに問題なのである」というフリードマンの経済哲学の核心があるように思える。不平等は累進課税の強化では除去できず、むしろ市場経済の論理を徹底させることこそが求められるのだという。彼は一生このことを主張し続けた。

Milton Friedman, *Capitalism and Freedom*, with the assistance of Rose D. Friedman, 1962, with a new preface by the author, 1982, Chap.10.

88

> "To state this conclusion differently, there is
> always a temporary trade-off between inflation
> and unemployment; there is no permanent
> trade-off."
>
> Milton Friedman (1968)

　ミルトン・フリードマンは、サムエルソンと並んで現代経済思想
にはなくてはならない名前である。彼は真の意味で「シカゴ学派」
の指導者である。以前は、フランク・H・ナイトとジェイコブ・
ヴァイナーの二人をシカゴ学派の指導者と呼んでいたが、しかし、
この二人は、その思想の一部がフリードマンに影響を与えたとは言
えても、決してフリードマンほど自由放任主義に近い主張をするこ
とはなかった。私は、自由市場の役割を最大限に評価し、今日の意
味での「シカゴ学派」を創り上げたのは、フリードマンのリーダー
シップによるところ大であると解釈している。

　「この結論を別の形で表現すると、インフレーションと失業のあい
だにはつねに一時的なトレードオフは存在するが、決して永続的な
トレードオフはないということだ。」

　ケインジアンが依拠した、インフレと失業のあいだのトレードオフを表したフィリップス曲線を俎上に載せ、短期的にはそのような右下がりの曲線があったとしても、長期的には、それは自然失業率を通る垂直線になると反論した彼の主張（自然失業率仮説）は現代マクロ経済学の展開に大きな影響を与えた。1970年代を通じて、アメリカでケインズ主義が退潮し、新自由主義勃興の基礎を築いた。

Milton Friedman, "The Role of Monetary Policy," *American Economic Review*, vol.58, no.1 (March 1968), p.11.

89

"They are the tools or lacqueys of capitalist exploiters — I think that has the authentic flavour. They are indefatigable opponents of social reform. They can conceive no function for the state other than that of the night watchman."

Lionel Robbins (1965)

　ケインズ革命以後しばらく、いわゆる「古典派」の経済学者はみな自由放任主義者で、夜警国家としての役割しか政府に認めなかったという「神話」が流布されるようになった。ケインズは、「セイの法則」（供給はそれみずからの需要を創り出す）を支持するか否かで「古典派」かどうかを判断するという戦略をあえて採用したのだが、それは彼の理論の独創性を際立たせるのに成功した一方で、「古典派」について誤ったイメージを植え付けてしまった。ロビンズは、これに反論した。

　「古典派の著作家たちは、資本主義的搾取者の道具または従僕である——私はそれは信頼できそうな雰囲気をもっていたと思う。彼ら

は社会改革への疲れを知らぬ反対者である。彼らは、夜警としての役割以外の国家の役割を一切想像することができないのだ。」

　ところが、古典派時代の著作家たちを研究してみると、彼らがいろいろな分野での社会改革への推進者であり、ケインズがつくった「古典派」は藁人形に過ぎないことが判明した。スミスでさえ自由放任主義者ではなかったので、予想される結論ではあったが、ロビンズはそれを広範な文献渉猟によって論証したのである。

Lionel Robbins, *The Theory of Economic Policy in English Classical Political Economy*, 1965, p.5.

90

According to the equation, the policy succeeds
in supressing inflation only through sitting
on the money wage. It is this recognition that
constitutes the theoretical base for an incomes
policy which would work to stabilize the
price level without the toll in lost output and
unemployment.

Sidney Weintraub (1972)

　シドニー・ワイントラウプは、WCM (Wage-Cost Mark-Up) 理論
なるものを提唱した、アメリカのポスト・ケインジアンである。国
民所得を Y、物価水準を P、実質産出量を Q、単位労働費用 w/A
(A=Q/N= 平均生産性) に対する平均マークアップを k とおく（w
は平均貨幣賃金、N は雇用量）と、P=(kwN)/Q=k(w/A) となる。
ということは、もし k が安定的ならば、インフレの原因は、生産性
上昇率を超える貨幣賃金上昇率にあることになる。

　「この方程式によれば、所得政策がインフレ抑制に成功するのは、
貨幣賃金を抑えることを通じてのみだということだ。この認識こそ

まさに所得政策の理論的基礎を構成するものであり、それが産出量と失業の代償を払わずして価格水準を安定化さるように作用するだろう。」

　ワイントラウプは、生産性上昇率内に貨幣賃金上昇率を抑えた企業には減税、逆に抑えられなかった企業には増税という「アメとムチ」を追加することも考えた。TIP (Tax-based Incomes Policy) の提案である。

Sidney Weintraub, "Incomes Policy: Completing the Stabilization Triangle," *Journal of Economic Issues*, vol.6, no.4 (December 1972), p.117.

91

> " To historians of economic theory the triumph of the neoclassical synthesis should appear as most inappropriate, for the basis of Keynes's formal training in the economics of Ricardo and Marshall left a strong imprint on his own contributions to economic theory. It would seem more appropriate to link Keynes's own theory with the long-period theory of the classical political economists. "
>
> J.A.Kregel (1973)

　ポスト・ケインジアンというと、イギリスのケンブリッジ大学に籍をおいたジョーン・ロビンソンやカルドアなどが頭に浮かぶかもしれないが、アメリカにも、少数派ながら彼らの同調者はいる。ケンブリッジに学んだ J・A・クレーゲルもその一人。

　「経済理論史家にとっては、新古典派総合の勝利は、きわめて似つかわしくないように見えるに違いない。なぜなら、ケインズの正規の訓練の基礎がリカードとマーシャルの経済学にあることが、彼自

身の経済理論への貢献にも強力な痕跡を残したからである。ケインズ自身の理論を、古典派経済学者の長期理論と関連づけたほうがもっと適切であったように思えるだろう。」

　ケインズ理論を古典派の長期的理論と結びつけるという発想は、ジョーン・ロビンソンやイートウェルなどとも共通する。まぎれもなくポスト・ケインジアンの証である。

J.A.Kregel, *The Reconstruction of Political Economy: an Introduction to Post-Keynesian Economics*, 1973, Preface.

92

"But in truth neither the boom, nor the debt deflation, nor the stagnation, and certainly not a recovery or full-employment growth can continue indefinitely. Each state nurtures forces that lead to its own destruction."

Hyman P. Minsky (1975)

ハイマン・P・ミンスキーは、「金融不安定性仮説」で有名なアメリカのポスト・ケインジアン。何度か金融危機の可能性を警告してきたが、リーマンショックの最中、一躍注目され、「ミンスキー・モーメント」という言葉が一流経済紙にも登場するようになった。だが、彼の経済理論が本当の意味で受け容れられたのか、疑問も多い。主流派のマクロ経済学はその後何も変わらなかったのだから。

「しかし、実のところ、ブームも、債務デフレも、経済停滞も、そして確かに景気回復や完全雇用成長も無限には続くことはできない。それぞれの状況は、それ自身の破壊につながる力を育むのである。」

　ミンスキーは、独自のケインズ解釈から「金融不安定性仮説」に
たどり着いた。とくに、好況から不況への景気の波が、金融ポジ
ションの移行（ヘッジ金融→投機的金融→ポンツィ金融）と相まっ
て生じ、ついには「ミンスキー・モーメント」という金融危機の瞬
間が訪れることを論証した功績は大きい。これほど優れたポスト・
ケインジアンの人気が長いあいだ盛り上がらなかったのは不思議だ。

Hyman P. Minsky, *John Maynard Keynes*, 1975, p.126.

93

" The purely economic man is indeed close to "
being a social moron. Economic theory has been
much preoccupied with this rational fool decked
in the glory of his one all-purpose preference
ordering.

Amartya Sen (1977)

　インド出身でベンガル飢饉の経験から経済学を志したアマルティ
ア・センは、社会選択論の研究から出発し、のちに独自の「福祉の
経済学」を構築した功績によってノーベル経済学賞を受賞した。セ
ンは、いまや、経済学、哲学、倫理学にまたがる仕事を背景に、学
界や論壇で活発な活動を続けている大物である。

**「純粋な経済人は、実際、社会的愚者に近いところにいる。経済理
論がこれまであれほど夢中になってきた、この合理的愚か者は、彼
の単一で万能な選好順序という壮観で着飾っているのである。」**

　人間は、他人が虐げられているのを見たとき、自分の効用には何
の関係もなくとも、虐待は不正であり、それをやめさせるための行

動に出ることがある。この意味での「コミットメント」は、自分の選好順序に基づく選択にしか関心のない合理的経済人では理解できない。しかし、センは、コミットメントのような道徳感情を無視して、真の意味での「福祉」の経済学はあり得ないと考えた。センの仕事の意義は、長い間、正当に評価されなかったが、いまやセン研究者は世界中に大勢いる。

Amartya Sen, "Rational Fools: A Critique of the Behavioral Foundations of Economic Theory," *Philosophy and Public Affairs*, vol.6, no.4. (Summer, 1977), p.336.

94

"Keynes implicitly assumed that the control of
the British political system ultimately lay in the
hands of an intellectual élite of civil servants
and others drawn from the same upper-middle-
class and public school/Oxbridge-educated
background, all deeply imbued with same
notions of public duty as himself.

Buchanan (1978)

　ケインズのいわゆる「ハーヴェイ・ロードの前提」または「哲人
王仮説」を批判した、ジェームズ・M・ブキャナンを指導者とする
「公共選択論」グループの批判。

　「ケインズは暗黙裏に次のように想定していた。すなわち、イギリ
スの政治システムのコントロールは、究極的に、ケインズと同じよ
うに中産階級上層出身で、パブリック・スクールとオックスブリッ
ジで教育された背景をもつ、公僕その他の知的エリートの手に握ら
れており、彼らはすべてケインズが抱いたような公的任務について
の同じような考えにすべて深く染まっているのだ、と。」

　ブキャナンたちは、「ハーヴェイ・ロードの前提」や「哲人王仮説」に基づいてその国にとって専門的に最も優れた政策を立案したとしても、それは、ことごとく、現代の大衆民主主義の現実によって否定されると言いたいわけだ。

James M. Buchanan, Richard E. Wagner and John Burton, *The Consequences of Mr. Keynes: An analysis of the misuse of economic theory for political profiteering*, with proposals for constitutional disciplines, 1978, p.48.

95

"Valuations are always with us. Disinterested research there has never been and can never be. Prior to answers there must be questions. There can be no view except from viewpoint. In questions raised and the viewpoint chosen, valuations are implied.

Gunnar Myrdal (1978)

グンナー・ミュルダールは、若い頃、きわめて優れた経済理論家であり、1920年代にアメリカで勃興しつつあった制度主義の経済学には疑問を抱いていた。ところが、1940年代頃から、アメリカの黒人問題を研究した経験を経て、制度経済学者として生まれ変わることになった。「正義・自由・機会の平等」というアメリカの信条と、黒人に対する差別という現実の不調和を分析するには、理論だけでは不十分で、制度的アプローチが必須であると悟ったからである。『アメリカのジレンマ』（1944年）や『アジアのドラマ』（1968年）などの著作は、制度経済学者としてのミュルダールの才能が花開いた初期の労作である。

それとともに留意すべきは、ミュルダールが、経済学方法論の分

野において、「価値前提の明示」を一貫して主張し、「価値自由」な
普遍理論の信奉者を牽制し続けたことである。

「価値評価はつねに私たちとともにある。公平無私な研究というも
のは、決してあったためしがないし、決してあり得ない。答えの前
に、問いがなければならない。観点を離れて見解はあり得ない。提
起された問題や選択された観点のなかに、価値評価が含まれている
のである。」

Gunnar Myrdal, "Institutional Economics," *Journal of Economic Issues*, vol.12, no.4
(December 1978), pp.778-779.

96

❝ Since its inception, macroeconomics has ❞
been criticized for its lack of foundations in
microeconomic and general equilibrium theory.
　　　　　Robert E. Lucas, Jr. and Thomas J. Sargent (1979)

　第二次世界大戦後の経済学界は、長いあいだ、サムエルソンの
「新古典派総合」によって支配された。新古典派総合とは、ケイン
ジアンのマクロ経済学と新古典派のミクロ経済学を折衷したもの
だったので、その理論的基礎はもともと強固なものではなかった。
だが、サムエルソンのようなバランス感覚に優れた指導者に恵まれ
たおかげで、1970年代前半までは学界の主流であり続けたと言っ
てよい。

　ところが、ロバート・E・ルーカス＝トーマス・J・サージェン
トは、新古典派総合の折衷を廃し、マクロ経済学をミクロの経済主
体の最適化行動から構成し直すという「マクロ経済学のミクロ的基
礎づけ」をもってケインジアンへの反撃を開始し、1980年代には
彼らを主流派の座から引きずり下ろすことに成功した。いわゆる
「反革命」が成功したのである。

　現代のマクロ経済学は、新古典派であれ、ニュー・ケインジアン

であれ、すべてミクロ的基礎をもっている。ルーカス＝サージェントへの反論は、いくつもあるが、いまだ学界の主流派には受け容れられていない。

「その発端から、マクロ経済学は、ミクロ経済学および一般均衡理論の基礎を欠いていると批判されてきた。」

Robert E. Lucas, Jr. and Thomas J. Sargent, "After Keynesian Macroeconomics," *Federal Reserve Bank of Minneapolis Quarterly Review*, vol.3, no.2 (Spring 1979), p.4.

97

“The only thing which Keynes “revomed” from the foundations of classical theory was the *deus ex machina* — the auctioneer which is assumed to furnish, without charge, all the information needed to obtain the perfect coordination of the activities of all traders in the present and through the future.”

Axel Leijonhufvud (1981)

スウェーデン出身の経済学者、アクセル・レイヨンフーヴッドの出世作は、『ケインジアンの経済学とケインズの経済学』（1968 年）である。アメリカの UCLA で教えた彼は、学界で「ケインズの経済学」とは明らかに異なるものが「ケインズ経済学」として語られていることに違和感を感じ、その本を世に問うた。その後の関連研究を刺激した功績は大きい。

「ケインズが古典派理論の基礎から「取り去った」唯一のものは、（ワルラスの競売人という）「救いの神」なのだ。というのは、競売人は、費用をかけることなく、現在および将来にわたって、すべて

の取引者の活動を完全に調整するために必要とされるすべての情報
を与えてくれるからである。」

　古典派（新古典派を含むと考えたほうがよい）の世界からケイン
ズの世界へと移行するには、前者からワルラスの「競売人」を取り
除きさえすればよいという解釈は、ポスト・ケインジアンには受け
容れられないだろうが、誠に大胆で、多くの論争を巻き起こしたの
もうなずける。

Axel Leijonhufvud, *Information and Coordination: Essays in Macroeconomic Theory*, 1981, p.15.

98

However, the long-period method, which has
been the common ground of economic debate
for two hundred years, has in the last decades
been increasingly challenged, and, in the
more rigorous versions of neoclassical theory,
been superseded, by varieties of short-period
equilibria which do not display a uniform rate of
profit on the supply price of capital.

Joan Eatwell (1982)

　ジョン・イートウェルの名前は、ジョーン・ロビンソンとの共著
でポスト・ケインズ派の立場から経済学の入門書 (*An Introduction
to Modern Economics,* 1973) を書いた若い頃からすでに有名であっ
た。理論家としては、スラッファの価格理論の影響を受けた「長期
的アプローチ」の提唱者として知られる。

　「しかしながら、長期の方法は、二世紀もの間、経済学上の論争の
共通基盤であったけれども、過去数十年間にますます挑戦を受ける
ようになり、新古典派理論のより厳密なヴァージョンにおいては、

資本の供給価格に関して均等利潤率が成立しない別種の短期均衡によって取って代わられてしまった。」

　イートウェルは、いまでは Lord となり、風貌も政治家のようになってしまったが、若い頃、鋭敏な理論家であったことは間違いない。

John Eatwell, "Competition," in *Classical and Marxian Political Economy: Essays in Honour of Ronald L. Meek*, edited by Ian Bradley and Michael Howard, 1982, p.219.

99

The factors usually cited as the determinants of
growth — capital accumulation, the growth of
the labour force, and a given rate of growth of
"knowledge" — are more properly considered
as the consequences or manifestations of the
changes brought about by the infusion of new
technology than its exogenous determinants.

Nicholas Kaldor (1984)

　LSE 時代にロビンズから新古典派の徹底した教育を受けたニコ
ラス・カルドアは、ケインズの『一般理論』の公刊を境に新古典派
とは手を切り、第二次世界大戦後は、ジョーン・ロビンソンととも
にケンブリッジを代表するポスト・ケインジアンとして活躍した。
　彼の関心分野は広かったが、晩年は、製造業における収穫逓増
（アリン・ヤングの再評価）や「循環的・累積的因果関係の原理」
（ミュルダールの言葉）という視点から、新古典派の一般均衡理論
批判や、外生的な技術進歩に依拠したモデルへの批判などを展開し
た。現実重視の姿勢から何度も大蔵大臣顧問などを務めている。

「成長の決定因として通常列挙される要因——資本蓄積、労働力の増大、そして所与の「知識」の増加率——は、より適切には、その外生的な決定因というよりは、新しい技術の導入によってもたらされた変化の結果または明示として捉えられる。」

Nicholas Kaldor, *Causes of Growth and Stagnation in the World Economy*, 1984, p.15.

100

In a Post Keynesian analysis, if decision-makers
are uncertain about the future and timid in
their entrepreneurial pursuits, then they protect
themselves against possible erroneous spending
decisions by maintaining a liquid position in
terms of cash and other financial assets. The
desire to maintain liquidity and therefore
avoid future unpleasant surprises if unforeseen
obligations arise, becomes a crucial focal point."

Paul Davidson (1991)

ポール・デヴィドソンは、アメリカのポスト・ケインジアンで、とくに金融面での仕事で有名である。ポスト・ケインジアンはやや難解な英文を書く傾向があるが、デヴィドソンの英文はつねに明快である。

「ポスト・ケインジアンの分析では、もし意思決定者が将来に関して不安を抱いており、企業家としての目的遂行においても臆病ならば、彼らは、考えうる誤った支出決定に対して、現金や他の金融資

産によって流動性ポジションを維持することによって、みずからを守る。流動性を維持し、したがって、予測できない負債が生じたならば不愉快なサプライズを避けようとする願望が、きわめて重要な焦点となるのである。」

　ケインズの『一般理論』を読み込んだ読者なら、デヴィドソンの言うことはすんなり受け容れられるのではないだろうか。

Paul Davidson, *Controversies in Post Keynesian Economics*, 1991, p.42.

101

> "Awareness that opportunities may go unnoticed"
> and therefore ungrasped, allows us to explore
> the pure discovery of hitherto unnoticed
> opportunities. The theory of entrepreneurial
> discovery offers the key to understanding the
> market process."
>
> Israel M. Kirzner (1997)

イスラエル・M・カーズナーは、ニューヨーク時代のミーゼスの愛弟子であり、アメリカにおけるネオ・オーストリア学派を代表する有力な論客の一人である。彼の業績は、なんといっても、ミーゼスの視点を生かした新たな企業家像を提示したことである。

「諸機会が注目されず、したがって把握されないままかもしれないと気づくことによって、私たちには、これまで注目されなかった諸機会を純粋に発見するという探求が許されるのである。企業家的発見の理論は、市場プロセスを理解するための鍵を提供するのだ。」

シュンペーターが企業家をイノベーションの担い手として定義し

機敏な企業家
市場プロセス

て以来、企業家論は圧倒的にシュンペーターの影響下に置かれてき
たが、それに対して、カーズナーは、代表作『競争と企業家精神』
（1973 年）において、いまだ気づかれざる諸機会に対して「機敏
な」者として企業家を捉えた。カーズナーの企業家は、シュンペー
ターの均衡破壊者としての企業家と違って、むしろ不均衡状態のな
かで均衡に導くような役割を演じる。「市場均衡」ではなく「市場
プロセス」に注目するというミーゼスの視点（オーストリア学派に
共有されたものと言ってもよい）が弟子に受け継がれたのである。

Israel M. Kirzner, *How Market Works: Disequilibrium, Entrepreneurship and Discovery*, 1997.

あとがき

白水社の担当編集者、竹園公一朗氏と本書の企画を練っていたの
は、2020年の夏、まだワクチンも治療薬も普及していないコロナ
禍の真っ最中だった。経済学の難しめの古典をどのようにしたら読
めるようになるか――そのことだけを考えて、白水社から三冊の
本を出していただいた（『英語原典で読む経済学史』、『英語原典で
読む現代経済学』、『英語原典で読むシュンペーター』）。その三冊は、
有り難いことに、古典を英語で読めるようになりたいという読者に
は歓迎されたが、もっと広い読者を対象に、経済英語の面白さを伝
える本が書けないものかとずっと考えていた。

　そんなとき、書棚に往年のベストセラー、岩田一男著『英語・一
日一言』（祥伝社ノン・ブック、1970年）が並んでいることに気づ
いた。パラパラとめくってみて、直感的に、経済学の比較的短い英
文を時代順に並べていけばそれなりに面白い一冊になるのではない
かと思った。しかも、コロナ禍で学生たちに何も出来ていないとい
う反省もあったので、白水社の「web ふらんす」上での連載を同
社の YouTube 公式チャンネルと連動させ、私が英文を読みながら
解説を加えるという形で一年間続けてみた。連載したときは、時代
順ではなかったが、今回は大幅に加筆し、時代順に並べ替えること
にした。

経済学部（経済学研究科）のある京大の吉田本部から総合人間学部（人間環境学研究科）のほうに行くには正門から道路を一つ越えなければならないが、ここ四半世紀くらいは、いつもその道路を渡って、総人キャンパスの教室で経済英語を教えてきた。経済学部の学生が大半を占めるが、ときに医学部や理学部などの学生が履修していることもあった。授業中、医学部の学生が次の時間に試験のある解剖学の原書を読んでいるのに気づいたときは、あえて見て見ぬふりをしていたが、ところが、その学生にあててみると、おそらくは初見の経済英語の文章をなんとか日本語に訳して見せたので、医学部の学生はなんと潜在力が高いものかと驚いたことがある。懐かしい思い出である。

　だが、経済学を学ぶ学生や社会人も、良き指導を受けられるならば、その潜在力を十分に発揮し、英文を正確に読む力もぐっと増すはずだと信じたい。これだけ素晴らしい古典が揃っている経済学の分野での教育が、数学とデータサイエンスに代替されていくのをみるのは哀しすぎる。本書が読者に経済英語に関心をもつきっかけを与えることができれば、著者としては望外の幸せである。

2022 年 7 月 1 日

根井雅弘

索　引

根井雅弘（ねい・まさひろ）
1962年生まれ。1985年早稲田大学政治経済学部経済学科卒業。1990年京都大学大学院経済学研究科博士課程修了。経済学博士。現在、京都大学大学院経済学研究科教授。専門は現代経済思想史。『定本 現代イギリス経済学の群像』（白水社）、『経済学の歴史』、『経済学再入門』（以上、講談社学術文庫）、『ガルブレイス』、『ケインズを読み直す』、『英語原典で読む経済学史』、『英語原典で読む現代経済学』、『英語原典で読むシュンペーター』（以上、白水社）、『経済学者の勉強術』、『現代経済思想史講義』（以上、人文書院）、『今こそ読みたいガルブレイス』（インターナショナル新書）他。

精選　経済英文100
1日1文でエッセンスをつかむ

2022年10月15日　印刷
2022年11月 5 日　発行

著　者 ⓒ　　根　井　雅　弘
発行者　　　及　川　直　志
印　刷　　株式会社三陽社
製　本　　誠製本株式会社

発行所

101-0052東京都千代田区神田小川町3の24
電話 03-3291-7811（営業部），7821（編集部）
www.hakusuisha.co.jp
乱丁・落丁本は、送料小社負担にてお取り替えいたします。

株式会社白水社

振替 00190-5-33228　　　　Printed in Japan

ISBN978-4-560-09474-7